MARCO POLO

Reisen mit Insider Tipps

TÜRKISCH

W0317480

Amtssprache Türkisch

Worte verbinden, Worte erschließen neue Welten, Worte lassen Sie einfach mehr erleben.

Und damit Sie auch immer die richtigen Worte finden, sind in diesem Sprachführer die wichtigsten Begriffe für Ihren Ausflug in eine fremde Kultur und Sprache zusammengestellt.

Mit dem neuen Spickzettel wird es Ihnen nicht schwerfallen, für so manche sprachliche Überraschung zu sorgen.

Und sollten Sie dennoch einmal sprachlos sein, dann helfen Ihnen die Zeigebilder ganz unkompliziert weiter.

Viel Spaß auf Ihrer Reise!

www.marcopolo.de/tuerkisch

TÜRKISCH

Ç

çok (viel, sehr)

ein stimmloses „tsch“ wie in „**Tsch**eche“, „deu**tsch**“

> EINFACHE AUSSPRACHE

Keine Scheu, einfach loszulegen: Die korrekte Aussprache lernen Sie schnell. Zu Beginn des Sprachführers erläutern wir Ihnen kurz und knackig, was Sie beachten sollten. Erfolg ist damit garantiert!

> ZEIGEBILDER

Bilder machen die Verständigung noch leichter. Ob beim Shoppen, im Restaurant, im Hotel oder bei Fragen zum Auto: unsere Zeigebilder helfen in jedem Fall schnell weiter.

> SCHNELL NACHGESCHLAGEN

VON A BIS Z
Die wichtigsten Themen alphabetisch sortiert: vom Arztbesuch bis zum Telefongespräch.

WÖRTERBUCH
Hier finden Sie die 1333 wichtigsten Begriffe. Einfach praktisch!

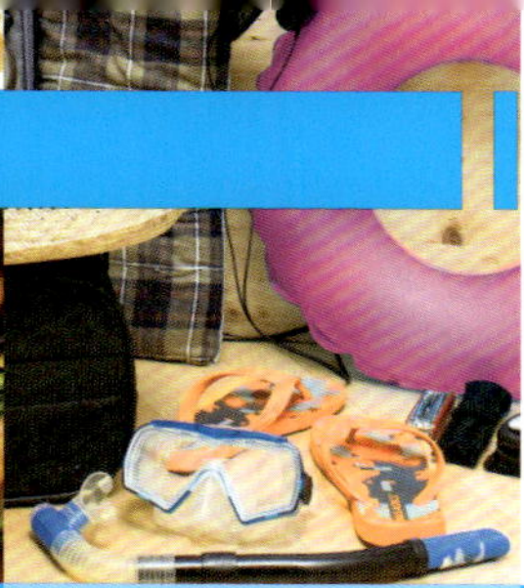

INHALT

> SPEISEKARTE

Mit Spaß bestellen und mit Genuss essen – denn für Sie ist die Speisekarte in Landessprache ab jetzt kein Buch mit sieben Siegeln mehr.

> VOLLES PROGRAMM

Kultur oder Action, Sprach- oder Kochkurs, Tauchen oder Theaterabend: Formulierungen, die dafür sorgen, dass Ihr Urlaub noch spannender wird.

> WIE DIE EINHEIMISCHEN

Insider Tipps Damit Sie als echter Insider gelten, nicht als Tourist.

BLOSS NICHT!
Hilft, Fettnäpfchen zu vermeiden.

ACHTUNG! SLANG
Einheimische noch besser verstehen!

WORTLOS GLÜCKLICH: ZEIGEBILDER

Farben, Muster, Materialien helfen Ihnen beim Einkaufen. Weitere Helfer für (fast) jede Gelegenheit finden Sie in diesem Sprachführer.

AUSSPRACHE

Das Türkische wird in der Regel so ausgesprochen, wie es geschrieben wird. Im Türkischen gibt es allerdings eine Reihe von Buchstaben, die es im deutschen Alphabet nicht gibt oder die anders ausgesprochen werden:

c	ein stimmhaftes „dsch", etwa wie das engl. „j" in „John"	cam (Glas)
ç	ein stimmloses „tsch" wie in „**Tsch**eche", „deut**sch**"	çok (viel, sehr)
ğ	Dehnungs-g, wird nicht ausgesprochen. Es entspricht dem deutschen Dehnungs-h, d. h., der Vokal davor wird lang gesprochen.	yağmur (Regen)
h	am Silbenanfang wie „h" in „**H**aus"	hamam (Bad)
	am Silbenende wie „ch" in „i**ch**", „Da**ch**", aber schwächer ausgesprochen	tarih (Datum)
ı	flüchtiges „e" wie in dank**e**	ırmak (Fluss)
j	ein stimmhaftes „sch" wie das französische „j" in „journal"	jilet (Rasierklinge)
ş	wie „sch" in „**sch**ön", „Ti**sch**"	şeker (Zucker)
v	wie in „**V**ioline", „**W**asser"	var („es gibt")
y	wie „j", z. B. in „jeder"	yok („es gibt nicht")
z	stimmhaftes „s" wie in „le**s**en", „rei**s**en" (Das türkische „s" ist hingegen immer stimmlos wie in „lo**s**", „rei**ß**en")	zaman (Zeit) zira (da, weil)

Beachten Sie:

- Die Betonung ist bei mehrsilbigen Wörtern fast gleichmäßig über alle Silben verteilt, wobei meist die letzte Silbe die Hauptbetonung trägt.
- Doppelkonsonanten werden etwa doppelt so lang ausgesprochen wie einfache Konsonanten. Doppelvokale oder Vokalverbindungen werden deutlich vernehmbar getrennt ausgesprochen.
- Mit Ausnahme des Dehnungs-g (ğ) wird jeder Vokal und jeder Konsonant deutlich vernehmbar ausgesprochen.

Wichtige Hinweise zu den Endungen im Türkischen finden Sie auf Seite 135.

ABKÜRZUNGEN

adj	Adjektiv	f	weiblich
adv	Adverb	jdn	jemanden
b.	ein/e (bir)	m	männlich
b. ş.	etwas (bir şey)	pl	Plural
b. y.	irgendwo	v. b.	und so weiter (ve benzeri)
etw	etwas		

> EXTRABETT IN STRANDNÄHE

Ob Sie ein Traumhotel am Meer suchen oder ein Zusatzbett im Zimmer brauchen: Formulieren Sie Ihre Urlaubswünsche per E-Mail, Fax oder am Telefon – und gehen Sie entspannt auf Reisen.

BUCHUNG PER E-MAIL

HOTEL | OTEL

Sehr geehrte Damen und Herren,
vom 24. bis 26. Juni hätte ich gern für zwei Nächte ein Einzel-/Doppel-/Zweibettzimmer. Bitte teilen Sie mir mit, ob Sie ein Zimmer frei haben und was es pro Nacht, einschließlich Frühstück, kostet.
Mit freundlichen Grüßen

REISE PLANUNG

Sayın Bayanlar ve Baylar;
24 Haziran'dan 26 Haziran'a kadar iki gece için tek kişilik/çift kişilik/iki yataklı bir oda için rezervasyon yaptırmak istiyorum.
Boş bir odanız varsa bana kahvaltı dahil gecelik fiyatını bildirir misiniz?
Selamlarımla

MIETWAGEN | KİRALIK ARABA

Sehr geehrte Damen und Herren,
für die Zeit vom 20. bis 25. Juli möchte ich gern ab Flughafen Istanbul einen Kleinwagen/

einen Mittelklassewagen/einen Kleinbus mieten. Mein Rückflug geht ab Flughafen Izmir und deshalb möchte ich das Auto dort zurückgeben. Bitte teilen Sie mir Ihre Tarife mit und welche Unterlagen ich benötige.
Mit freundlichen Grüßen

Sayın Bayanlar ve Baylar;
20 Haziran'da İstanbul Atatürk Havaalanı'nda beş günlüğüne bir küçük araba/orta boy araba/minibüs kiralamak istiyorum. 25 Haziran'da İzmir Adnan Menderes Havaalanı'ndan yurduma döneceğim. Ondan ötürü arabayı orada geri vermek istiyorum. Bana fiyatlarınızı ve hangi belgeleri getirmem gerektiğini bildirir misiniz?
Selamlarımla

FRAGEN ZUR UNTERKUNFT

Ich suche ... in der Altstadt (mit besonders guter Küche).	Şehrin eski merkezinde (olağanüstü mutfağı olan) ... arıyorum.
ein schönes Hotel	güzel bir otel
Bed and Breakfast	oda kahvaltı sunan bir pansiyon
Ist es zentral/ruhig/in Strandnähe gelegen?	Şehir merkezinde mi?/Sakin bir konumda mı?/Plaj yakınında mı?
Wie viel kostet das pro Woche?	Haftalığı kaç para?
Hat diese Unterkunft eine Internet- oder E-Mail-Adresse?	Bu konağın bir internet veya e-mail adresi var mı?

Hotel	otel
Pension	pansiyon
Zimmer	oda
Ferienwohnung	tatil evi

HOTEL/PENSION/ZIMMER | OTEL/PANSİYON/ODA

> Übernachtung: Seite 66 ff.

Ich suche ein Hotel, jedoch nicht zu teuer – etwas in der mittleren Preislage.	Bir otel arıyorum, ama çok pahalı olmasın, orta halli olsun.

Ich suche ein Hotel mit ...	... bir otel arıyorum.
Wellnessbereich.	Velnes merkezi olan
Swimmingpool.	Yüzme havuzu olan
Golfplatz.	Golf sahası olan
Tennisplätzen.	Tenis kortları olan
Können Sie mir ... geben?	**Bana ... verebilir misiniz?**
ein ruhiges Zimmer	**sakin bir oda**
ein Zimmer mit Aussicht	**manzaralı bir oda**
ein Zimmer mit Balkon	**balkonlu bir oda**
Ist es möglich, ein weiteres Bett im Zimmer aufzustellen?	Odaya bir yatak daha ilave edilebilir mi?

FERIENHÄUSER/FERIENWOHNUNGEN
TATİL EVLERİ/TATİL DAİRELERİ

Übernachtung: Seite 72 f.

Ich suche eine Ferienwohnung.	Bir tatil evi arıyorum.
Für wie viele Leute?	Kaç kişiniz?
Gibt es ...?	... var mı?
eine Küche	Mutfak
eine Spülmaschine	Bulaşık makinesi
einen Kühlschrank	Buz dolabı
eine Waschmaschine	Çamaşır makinesi
eine Mikrowelle	Mikrodalga fırını
einen Fernseher	Televizyon
ein Telefon	Telefon
einen Hochstuhl	Yüksek çocuk sandalyesi
ein Kinderbett	Çocuk yatağı
WLAN	**WLAN**
Sind die Stromkosten im Preis enthalten?	Elektrik parası fiyatın içinde mi?
Werden Bettwäsche und Handtücher gestellt?	Yatak takımı ve havlular var mı?
Wie viel muss ich anzahlen und wann ist die Anzahlung fällig?	Ne kadar avans alıyorsunuz? Ne zaman ödemeliyim?
Wo und wann kann ich die Schlüssel abholen?	Nereden ve ne zaman anahtarı alabilirim?

> MEHR ERLEBEN

Nur keine Scheu! Der Smalltalk im Café, die Plauderei beim Einkauf, der Flirt beim Clubben – reden Sie drauflos, es ist einfacher, als Sie denken! Und macht die Reise erst so richtig spannend.

BEGRÜSSUNG | SELAMLAMA

Guten Morgen!	Günaydın!
Guten Tag!	Merhaba!
Guten Abend!	İyi akşamlar!
Hallo!/Grüß dich!	Merhaba!/Selâm!
Wie geht es Ihnen?	Nasılsınız?
Wie geht es dir?	Nasılsın?
Und Ihnen?	Siz nasılsınız?
Und dir?	Sen nasılsın?

IM GESPRÄCH

MEIN NAME IST ... | İSMİM ...

Wie ist Ihr Name, bitte?	İsminiz nedir?/Adınız nedir?
Wie heißt du?	Adın ne?
Darf ich bekannt machen?	Tanıştırabilir miyim?
Das ist ...	Bu …
Frau X./Herr X.	X hanım./X bey.
mein Partner/ meine Partnerin.	partnerim.
Es freut mich, Sie kennenzulernen.	Tanıştığımıza memnun oldum.

AUF WIEDERSEHEN! | ALLAHAISMARLADIK!

Tschüss!	Eyvallah!/Hoşça kal!
Bis später!	Görüşmek üzere!
Bis morgen!/Gute Nacht!	Yarın görüşmek üzere!/İyi geceler!
Bis bald!	Yakında görüşmek üzere!
Gute Reise!	İyi yolculuklar!
Es war schön, Sie/dich kennenzulernen.	Sizi/Seni tanıştığıma memnun oldum.

BITTE | LÜTFEN

Darf ich Sie um einen Gefallen bitten?	Sizden bir şey rica edebilir miyim?
Können Sie mir bitte helfen?	Lütfen bana yardım eder misiniz?
Gestatten Sie?	Müsaade eder misiniz?/İzninizle?
Bitte sehr.	Buyrun.
Gern geschehen!	Bir şey değil.
Mit Vergnügen!	Memnuniyetle!

DANKE! | TEŞEKKÜR EDERİM!/SAĞ OLUN!

Vielen Dank!	Teşekkür ederim!
Danke, sehr gern!	Teşekkür ederim, memnuniyetle!
Nein, danke!	Hayır, teşekkür ederim!
Danke, gleichfalls!	Sağol, sen de!/Teşekkür ederim, siz de!
Das ist nett, danke.	Çok nazik, teşekkür ederim.
Vielen Dank für Ihre Hilfe.	Yardımınıza çok teşekkür ederim.

ENTSCHULDIGUNG! | ÖZÜR DİLERİM!

Tut mir leid (, dass ich zu spät komme)!	(Bu kadar geç geldiğim için) üzgünüm.
Schade!	Yazık!

ALLES GUTE! | HOŞÇAKAL!/HOŞÇAKALIN!

Herzlichen Glückwunsch!	Candan kutlarım!
Alles Gute zum Geburtstag!	Doğum günün/gününüz kutlu olsun!/ Nice nice yıllara!

Viel Erfolg!	Üstün başarılar!/Başarılar dilerim!
Viel Glück!	Bol şans!
Hals- und Beinbruch!	Rastgele!/Kolay gele!
Gute Besserung!	Geçmiş olsun!

KOMPLIMENTE | KOMPLİMANLAR

Wie schön!	Ne güzel!
Das ist wunderbar!	Şahane!
Sie sprechen sehr gut Deutsch.	Çok iyi Almanca konuşuyorsunuz.
Sie sehen gut aus!	Harika görünüyorsunuz!
Ich finde Sie sehr sympathisch/nett.	Sizi çok sempatik buluyorum.

angenehm	hoş
ausgezeichnet	şahane
beeindruckend	etkileyici

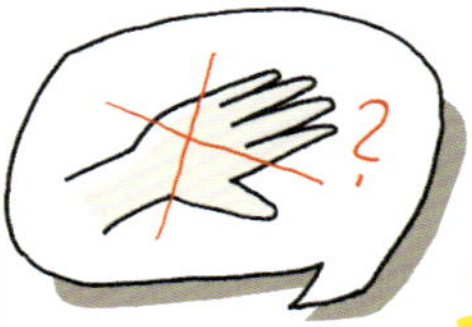

WIE DIE EINHEIMISCHEN

Insider Tipps

Hände schütteln

Beim Händeschütteln sollte man Frauen den Vorrang lassen, d. h., Männer sollten bei einer Vorstellung oder Begrüßung abwarten, ob die Frau die Hand ausstreckt, und erst daraufhin reagieren. Sehr religiöse Männer und Frauen geben sich nicht die Hand, jeglicher körperliche Kontakt wird streng vermieden. Stattdessen begrüßen sie sich mit einer leichten Verbeugung und legen dabei die Hand aufs Herz.

Anrede

Im Allgemeinen spricht man sich mit dem Vornamen an. Bei der höflichen Anrede wird dem Vornamen **Bey** (Herr) bzw. **Hanım** (Frau/Fräulein) nachgestellt: „Mehmet Bey", „Ayşe Hanım". Oft werden auch Verwandtschaftsbezeichnungen wie **abi** (älterer Bruder), **abla** (große Schwester), **kardeş** (Bruder/Schwester), **amca** (Onkel) bzw. **teyze** (Tante) gebraucht. Die Anrede mit dem Nachnamen ist ungebräuchlich und hat amtlichen Charakter. Dabei wird dem Nachnamen **Bay** (Herr) bzw. **Bayan** (Frau/Fräulein) vorangestellt: „Bay X/Bayan X". Zur förmlichen Anrede unbekannter Personen verwendet man **efendim** (mein Herr) bzw. **hanımefendi** (gnädige Frau). Eine sehr vertraute und gefühlvolle Anrede unter Freunden, aber auch unter Frauen allgemein, lautet **canım** („meine Seele").

beyefendi hanımefendi

freundlich	cana yakın
herrlich	harika
hübsch	şirin
lecker	lezzetli
schön	güzel

SMALLTALK | HOŞBEŞ

ZUR PERSON ŞAHISLA İLGİLİ

Wie alt sind Sie?	Kaç yaşındasınız?
Wie alt bist du?	Kaç yaşındasın?
Ich bin 24.	24 yaşındayım.
Was machen Sie/ machst du beruflich?	Mesleğiniz nedir?/Mesleğin ne?
Ich bin ...	(Ben) ...-(y)im/-(y)ım/-(y)üm/-(y)um.
Ich arbeite bei ...	...-de/-da çalışıyorum.
Ich gehe noch zur Schule.	(Ben) Daha öğrenciyim.
Ich bin Student/in.	(Ben) Üniversite öğrencisiyim.

HERKUNFT UND AUFENTHALT VATAN VE KONUK

Woher kommen Sie/ kommst du?	Nereden geliyorsunuz/geliyorsun?
Ich komme aus Stuttgart.	(Ben) Stuttgartlıyım.
Ich komme aus Deutschland.	Almanya'dan geliyorum.
Sind Sie schon lange hier?	Uzun zamandan beri mi buradasınız?
Bist du schon lange hier?	Uzun zamandan beri mi buradasın?
Ich bin seit ... hier.	Ben … -den/-dan beri buradayım.
Wie lange bleiben Sie?	Ne kadar kalacaksınız?
Wie lange bleibst du?	Ne kadar kalacaksın?
Gefällt es Ihnen/dir?	Hoşunuza/Hoşuna gidiyor mu?
Wie ist Ihre/deine E-Mail-Adresse?	E-posta adresiniz/adresin nedir?

HOBBYS HOBİLER

Was machen Sie/machst du in der Freizeit?	Boş zamanlarınızda/zamanlarında ne yapıyorsunuz/yapıyorsun?
Ich interessiere mich für ...	... ile ilgileniyorum.
Kunst/Kultur/Architektur/ Design/Fashion	sanat/kültür/mimarlık/dizayn/moda
Sind Sie/bist du auf Facebook?	Facebook'a üye misiniz/misin?
Computerspiele	bilgisayar oyunları

fotografieren	fotoğraf çekmek
Freunde treffen	arkadaşlarla buluşmak
Karten-/Brettspiele	iskambil oyunları/tavla, dama, satranç gibi oyunlar
Kino/Filme	sinema/filmler
kochen	yemek pişirmek
lesen	okumak
malen/zeichnen	resim yapmak/resim çizmek
Musik hören/machen	müzik dinlemek/yapmak
reisen	yolculuk yapmak
Sprachen lernen	yabancı diller öğrenmek

SPORT SPOR

Volles Programm: Seite 83 ff.

Welchen Sport treiben Sie?	Siz hangi sporu yapıyorsunuz?
Ich spiele ...	Ben ... oynuyorum.
Fußball/Tennis/Volleyball/Handball/Tischtennis.	Futbol/Tenis/Voleybol/Hentbol/Masa tenisi
Ich gehe regelmäßig ins Fitnesscenter/Yoga.	Düzenli olarak fitness salonuna/yogaya gidiyorum.
Ich jogge/schwimme/fahre Rad.	Koşuyorum./Yüzüyorum./Bisiklete biniyorum.

VERABREDUNG/FLIRT | RANDEVU/FLÖRT

Haben Sie für morgen schon etwas vor?	Yarın bir programınız var mı?
Hast du für morgen schon etwas vor?	Yarın bir programın var mı?
Treffen wir uns heute Abend?	Bu akşam görüşelim mi?
Wann treffen wir uns?	Ne zaman buluşalım?
Wo treffen wir uns?	Nerede buluşalım?
Darf ich Sie/dich nach Hause bringen?	Sizi/Seni eve götürebilir miyim?
Hast du einen Freund/eine Freundin?	Erkek arkadaşın/Kız arkadaşın var mı?
Sind Sie verheiratet?	Evli misiniz?
Ich habe mich den ganzen Tag auf Sie/dich gefreut.	Sizi/Seni göreceğime bütün gün çok sevindim.
Du hast wunderschöne Augen!	Çok güzel gözlerin var!

Ich habe mich in dich verliebt.	Sana aşık oldum.
Ich mich auch in dich.	Ben de sana.
Ich liebe dich!	Seni seviyorum!
Ich möchte mit dir schlafen.	Seninle sevişmek istiyorum.
Aber nur mit Kondom!	Fakat sadece prezervatifle!
Hast du Kondome?	Prezervatifin var mı?
Wo kann ich welche kaufen?	Nereden satın alabilirim?
Kommst du mit zu mir?	Evime gidelim mi?
Ich habe keine Lust dazu.	Canım istemiyor.
Ich will nicht.	Ben istemiyorum.
Bitte geh jetzt!	Lütfen git artık!
Hör sofort auf!	Dur!/Yeter!
Hau ab!	Defol!
Lassen Sie mich bitte in Ruhe!	Lütfen beni rahat bırakın!

ZEIT

UHRZEIT | SAAT

WIE VIEL UHR IST ES? SAAT KAÇ?

> Zeitangaben: Umschlagklappe

UM WIE VIEL UHR?/WANN? SAAT KAÇTA?/NE ZAMAN?

Um 1 Uhr.	Saat birde.
In einer Stunde.	Bir saat sonra/içinde.
Zwischen 3 und 4.	Üçle dört arası.

WIE LANGE? NE KADAR ZAMAN?

Zwei Stunden (lang).	İki saat (süreyle).
Von 10 bis 11.	Ondan on bire kadar.
Bis 5 Uhr.	Saat beşe kadar.

SEIT WANN? NE ZAMANDAN BERİ?

Seit 8 Uhr morgens.	Sabah sekizden beri.
Seit einer halben Stunde.	Yarım saatten beri.

SONSTIGE ZEITANGABEN | DİĞER ZAMAN KAVRAMLARI

morgens	sabahleyin, (immer morgens) sabahları
vormittags	öğleden önceleri

mittags	öğleyin
nachmittags	öğleden sonraları
abends	akşamleyin, (immer abends) akşamları
nachts	geceleyin, (immer nachts) geceleri
kürzlich	az önce, geçende
vorgestern	önceki gün
gestern	dün
vor zehn Minuten	on dakika önce
heute	bugün
jetzt	şimdi
morgen	yarın
übermorgen	öbür gün
diese Woche	bu hafta
am Wochenende	hafta sonunda
am Sonntag	pazar günü
in 14 Tagen	iki hafta sonra
nächstes Jahr	gelecek yıl
manchmal	bazen
alle halbe Stunde	her yarım saatte bir
stündlich	saatte bir
täglich	her gün
alle zwei Tage	her iki günde bir

DATUM | TARİH

Den Wievielten haben wir heute?	Bugün ayın kaçı?
Heute ist der 1. Mai.	Bugün 1 Mayıs.

WOCHENTAGE | HAFTANIN GÜNLERİ

Montag	pazartesi
Dienstag	salı
Mittwoch	çarşamba
Donnerstag	perşembe
Freitag	cuma
Samstag	cumartesi
Sonntag	pazar

MONATE | AYLAR

Januar	ocak
Februar	şubat
März	mart
April	nisan
Mai	mayıs
Juni	haziran
Juli	temmuz
August	ağustos
September	eylül
Oktober	ekim
November	kasım
Dezember	aralık

JAHRESZEITEN | MEVSİMLER

Frühling	ilkbahar
Sommer	yaz
Herbst	sonbahar
Winter	kış

FEIERTAGE | TATİL GÜNLERİ

Neujahr	yılbaşı
Ostern	Paskalya
Tag des Parlaments und des Kindes (23. 4.)	Ulusal Egemenlik ve Çocuk Bayramı (23 Nisan)
1. Mai	1 Mayıs
Tag der Jugend und des Sports (19. 5)	Gençlik ve Spor Bayramı (19 Mayıs)
Pfingsten	Pantkot yortusu
Tag des Befreiungssieges (30. 8.)	Zafer Bayramı (30 Ağustos)
Tag der Republik (29. 10.)	Cumhuriyet Bayramı (29 Ekim)
Heiliger Abend	Noel Gecesi
Weihnachten	Noel Bayramı, Milâdı İsa Yortusu
1. Weihnachtsfeiertag	birinci Noel günü
2. Weihnachtsfeiertag	ikinci Noel günü
Silvesterabend	yılbaşı gecesi
Ramadanfest	Ramazan Bayramı
Opferfest	Kurban Bayramı

> *www.marcopolo.de/tuerkisch*

WETTER

Wie wird das Wetter heute?	Hava bugün nasıl olacak?
Es bleibt schön/schlecht.	Hava güzel/kötü kalacak.
Es wird wärmer/kälter.	Hava daha ısınacak/soğuyacak.
Es wird regnen/schneien.	Yağmur/Kar yağacak.
Es ist kalt/heiß/schwül.	Hava soğuk/pek sıcak/bunaltıcı.
Wie viel Grad haben wir heute?	Bugün hava kaç derece?
Es hat 20 Grad.	Isı 20 derece.

bewölkt	bulutlu
Blitz	yıldırım, şimşek
Donner	gök gürültüsü
Ebbe	suların çekilmesi, cezir
Flut	suların kabarması, met
Frost	don
Gewitter	boran
Glatteis	buzlanma
heiß	sıcak
Hitze	şiddetli sıcak
kalt	soğuk
Klima	iklim
Luft	hava
nass	ıslak
Nebel	sis
Regen	yağmur
regnerisch	yağmurlu
Schnee	kar
schwül	nemli sıcak
Sonne	güneş
sonnig	güneşli
Temperatur	ısı
trocken	kuru
Trockenheit	kuraklık
Überschwemmung	su baskını/sel
warm	sıcak
wechselhaft	değişken
Wind	rüzgâr
Wolke	bulut

> WO GEHT ES NACH …?

Wenn Sie sich verirrt oder verfahren haben oder einfach nicht mehr weiterwissen: Fragen Sie! Dieses Kapitel hilft Ihnen dabei.

WO GEHT'S LANG?

Bitte, wo ist …?	Affedersiniz, ... nerede?
Entschuldigen Sie bitte, wie komme ich nach …?	Affedersiniz, ...-(y)e/-(y)a nasıl gideceğim?
Welches ist der kürzeste Weg nach/zu …?	…-(y)e/-(y)a en kısa yol hangisi?
Wie weit ist es zum/zur …?	…-(y)e/-(y)a daha ne kadar yol var?
Gehen Sie geradeaus.	Doğru gidiniz.
Gehen Sie nach links.	Sola gidiniz.

UNTER WEGS

Gehen Sie nach rechts.	Sağa gidiniz.
Erste/Zweite Straße links/ rechts.	Birinci/İkinci caddeden sola/sağa.
Überqueren Sie ...	… karşıya geçin.
die Brücke.	Köprüden
den Platz.	Meydandan
die Straße.	Caddeden
Dann fragen Sie noch einmal.	Sonra bir kere daha sorunuz.
Sie nehmen am besten den Bus Nr. ...	En iyisi ... numaralı otobüse binin.

AN DER GRENZE

ZOLL/PASS | GÜMRÜK/PASAPORT

Ihren Pass, bitte!	Pasaportunuz, lütfen!
Haben Sie etwas zu verzollen?	Gümrüklü eşyanIz var mI?
Nein, ich habe nur ein paar Geschenke.	Hayır, yalnızca bir kaç hediyelik eşyam var.
Fahren Sie bitte rechts heran.	Arabayı sağa çekin, lütfen.
Öffnen Sie bitte den Kofferraum!/diesen Koffer!	Bagajı/Bu bavulu açın, lütfen!
Muss ich das verzollen?	Buna gümrük ödemem lazım mı?

Ausfuhr	ihracat, dışsatım
Ausreise	çıkış
Einfuhr	dışalım, ithal
Einreise	giriş
Familienname	soyadı
Familienstand	medeni hal
ledig	bekâr
verheiratet	evli
Führerschein	ehliyet
Geburtsdatum	doğum tarihi
Geburtsname	kızlık soyadı
Geburtsort	doğum yeri
Grenzübergang	sınır kapısı
gültig	geçerli, yürürlükte
Nationalitätskennzeichen	uluslararası plaka işareti
Passkontrolle	pasaport kontrolü
Personalausweis	hüviyet, kimlik
Reisepass	pasaport
Staatsangehörigkeit	yurttaşlık, milliyet
Visum	vize
Vorname	isim, ad
Wohnort	ikâmetgâh
Zoll	gümrük
zollfrei	gümrüksüz
zollpflichtig	gümrüğe tabi

UNTERWEGS

... MIT DEM AUTO/MOTORRAD/ FAHRRAD

WIE KOMME ICH NACH ...? | ...-(Y)E/-(Y)A NASIL GİDECEĞİM?

Ist das weit von hier?	Buradan uzak mı?
Bitte, ist das die Straße nach ...?	Affedersiniz, ...-(y)e/-(y)a giden yol bu mu?
Wie komme ich zur Autobahn nach ...?	...-(y)e/-(y)a giden otoyola nasıl çıkacağım?
Immer geradeaus bis ...	... -(y)e/-(y)a kadar hep doğru.
Dann ...	Sonra ...
bei der Ampel	lambadan
an der nächsten Ecke	ilk köşeden
links/rechts abbiegen.	sola/sağa dönülecek.

VOLLTANKEN, BITTE | DOLDURUN/FUL, LÜTFEN

Wo ist bitte die nächste Tankstelle?	En yakın benzinci nerede acaba?
Normalbenzin/Super (bleifrei) Diesel/Elektroladestation	Normal benzin/(kurşunsuz) süper benzin/ motorin/mazot/elektrikli araba şarj istasyonu
Prüfen Sie bitte ...	Lütfen ... kontrol eder misiniz?
den Ölstand.	yağını
den Reifendruck.	lastiklerin havasını
Wo sind bitte die Toiletten?	Affedersiniz, tuvaletler nerede acaba?

PARKEN | PARK ETME

Gibt es hier in der Nähe eine Parkmöglichkeit?	Yakında bir park yeri var mı?
Kann ich das Auto hier abstellen?	Arabayı burada bırakabilir miyim?

PANNE | ARIZA

Können Sie mir Starthilfe geben?	Arabama akü takviyesi yapabilir misiniz?
Würden Sie mir bitte einen Mechaniker/einen Abschleppwagen schicken?	Lütfen, bana bir tamirci/bir çekici gönderir misiniz?
Könnten Sie mir mit Benzin aushelfen?	Bana biraz benzin verebilir misiniz?
Könnten Sie mir beim Reifenwechsel helfen?	Tekerlek değiştirmek için bana yardım eder misiniz?
Würden Sie mich bis zur nächsten Werkstatt mitnehmen?	Beni en yakın tamirhaneye kadar götürür müsünüz?

WERKSTATT | TAMİRHANE

Mein Wagen springt nicht an.	Motor hareket etmiyor./Arabam çalışmıyor.
Können Sie mal nachsehen?	Bir kontrol eder misiniz?/Bir bakar mısınız?
Mit dem Motor stimmt was nicht.	Motorda bir bozukluk var.
Die Bremsen funktionieren nicht.	Frenler tutmuyor.
... ist defekt.	… bozuk.
Der Wagen verliert Öl.	Motor yağ kaçırıyor./Motordan yağ damlıyor.
Wechseln Sie bitte die Zündkerzen aus.	Bujileri değiştirin lütfen.
Was wird es kosten?	Masrafı ne tutar?

UNFALL | KAZA

Rufen Sie bitte schnell ...	Acele … çağırın, lütfen!
einen Krankenwagen.	bir ambülans
die Polizei.	polisi
die Feuerwehr.	itfaiyeyi
Sind Sie verletzt?	Yaralı mısınız?
Haben Sie Verbandszeug?	Sargı malzemeniz var mı?
Es war meine Schuld.	Benim suçumdu.
Es war Ihre Schuld.	Sizin suçunuzdu.
Sollen wir die Polizei holen oder können wir uns so einigen?	Polisi mi çağıralım, yoksa aramızda mı anlaşalım?

Ich möchte den Schaden durch meine Versicherung regeln lassen.	Hasarı sigortam aracılığıyla düzelttirmek istiyorum.
Geben Sie mir bitte Ihren Namen und Ihre Anschrift.	Lütfen bana isim ve adresinizi verin.
Vielen Dank für Ihre Hilfe.	Yardımınıza çok teşekkür ederim.

abschleppen	çekmek
Abschleppseil	araba çekme halatı
Abschleppwagen	çekici araç
Ampel	lamba
Anlasser	marş
Autobahn	otoyol
Automatik(getriebe)	otomatik vites
Batterie	pil
Baustelle	şantiye
Benzin	benzin
Benzinkanister	benzin bidonu
Bremsbelag	balatası
Bußgeld	para cezası
Defekt	arıza, bozukluk
Elektrotankstelle	elektrikli taşıt şarj istasyonu
Erdgastankstelle	otodoğalgaz istasyonu
Fahrrad	bisiklet
Fahrspur	şerit, yol
Fehlzündung	tekleme
Felge	jant
Fernlicht	uzun far
Flickzeug	yama takımı
Führerschein	ehliyet
Fußbremse	ayak freni
Gang	vites
Gaspedal	gaz pedalı
gebrochen	kırık, kırılmış
Getriebe	şanjman
Handbremse	el freni
Heizung	soba, kalorifer, ısıtma
Helm	kask
Hupe	korna
Kabel	kablo
Karosserie	karoseri, kaporta
Keilriemen	kayış
Klingel	zil
Kreuzung	dörtyol ağzı

Windschutzscheibe
öncam
Sicherheitsgurt
emniyet kemeri
Rückspiegel
dikiz aynası
Scheibenwischer
silecek
Lenkrad
direksiyon
Scheinwerfer
far
Kofferraum
arka bagaj
Blinker
sinyal lambası
Ersatzrad
yedek lastik
Stoßstange
tampon
Autoreifen
lastik
Nummernschild
plâka
Auspuff
egzos
Kühler
radyatör
Kotflügel
çamurluk
Achse
dingil, eksen
Bremse
fren
Stoßdämpfer
amortisör

Kühlwasser	radyatör suyu
Kupplung	debriyaj
Kurve	viraj
Kurzschluss	kontak, kısa devre
Landstraße	şose
Lastwagen	kamyon
Lichtmaschine	şarj dinamosu
Luftpumpe	hava pompası
Maut	(Brückenmaut) köprü geçiş ücreti (Autobahnmaut) otoyol geçiş ücreti
Motor	motor
Motorhaube	kaput
Motorrad/Motorroller	motosiklet/skuter
Notrufsäule	imdat telefonu
Oktanzahl	oktan sayısı
Öl/Ölwechsel	yağ/yağ değiştirme
Panne	arıza
Pannendienst	arıza hizmeti
Papiere	kağıtlar, belgeler
Parkhaus	katlı otopark
Parkplatz	park yeri
Promille	promil
PS	beygir gücü
Radarkontrolle	radar kontrolü
Raststätte	dinlenme tesisi
Reifenpanne	lastik patlaması
Schiebedach	sürgülü (açılan) tavan
Schraube	vida
Schraubenschlüssel	somun anahtarı
Schutzblech	çamurluk
Standlicht	park ışığı
Starthilfekabel	akü takviye kablosu
Stau	tıkanma
Straße	sokak, cadde
Straßenkarte	otoyol haritası
Tachometer	takometre, hız ölçen saat
Tankstelle	benzin istasyonu
Tramper/in	otostopçu
Umleitung	mecburi istikamet
Ventil	supap
Vergaser	karbüratör
Versicherungskarte, grüne	yeşil sigorta kartı
Vollkasko	tam kasko sigorta
Wagenheber	kriko

Wagenwäsche	araba yıkama
Warnblinker	çift sinyal
Warndreieck	uyarı üçgeni
Wegweiser	yol işareti
Werkstatt	tamirhane
Werkzeug	alet, gereç
Zündkerze	buji
Zündschloss/Zündschlüssel	kontak kilidi/kontak anahtarı
Zündung	kontak

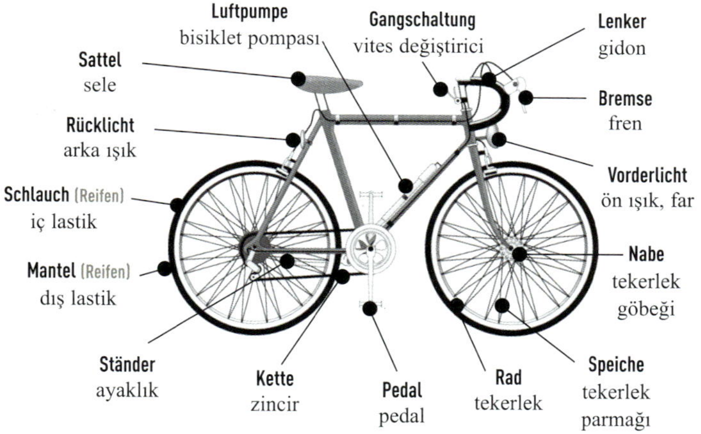

AUTO-/MOTORRAD-/FAHRRADVERMIETUNG
ARABA/MOTOSİKLET/BİSİKLET KİRALAMA

Ich möchte für zwei Tage … mieten.	İki günlüğüne … kiralamak istiyorum.
Ich möchte … für eine Woche mieten.	Bir haftalığına … kiralamak istiyorum.
Auto/Wohnmobil/ Roller/Fahrrad	bir araba/bir motokaravan/bir skuter/bir bisiklet
Bitte …	
mit Automatik.	Otomatik vitesli olsun lütfen.
mit Klimaanlage.	Klimalı olsun lütfen.
mit Navigationsgerät.	Navigasyon cihazlı olsun lütfen.

Wie viel kostet es pro Tag/ Woche?	Günlüğü/Haftalığı ne kadar?
Wie viel verlangen Sie pro gefahrenem km?	Kilometre başına ne kadar istiyorsunuz?
Ist das Fahrzeug vollkaskoversichert?	Araba tam sigortalı mı?
Ist es möglich, das Fahrzeug in ... abzugeben?	Arabayı ...-de/-da geri vermemiz mümkün mü?

... MIT DEM FLUGZEUG

ABFLUG | UÇUŞ

Wo ist der Schalter der ...-Fluggesellschaft?	... uçak şirketinin kontuarı nerede?
Wann fliegt die nächste Maschine nach ...?	...-(y)e/-(y)a ilk uçak ne zaman?
Ich möchte einen einfachen Flug nach ... buchen.	...-(y)e/-(y)a bir gidiş bileti istiyorum.
Ich möchte einen Hin- und Rückflug nach ... buchen.	...-(y)e/-(y)a bir gidiş dönüş bileti istiyorum.
Sind noch Plätze frei?	Daha boş yer var mı?
Ich möchte diesen Flug stornieren.	Bu bileti iptal ettirmek istiyorum.
Ich möchte diesen Flug umbuchen.	Bu bileti değiştirmek istiyorum.
Gibt es für den Flug einen Vorabend-/Telefon-/ Internet-Check-in?	Bu uçuş için önceki-akşam/telefonla/ online check-in yapılabilir mi?
Kann ich das als Handgepäck mitnehmen?	Bunu el bagajı olarak alabilir miyim?
Hat die Maschine nach ... Verspätung?	...-(y)e/-(y)a giden uçağın gecikmesi var mı?

ANKUNFT | VARIŞ

Mein Gepäck ist verloren gegangen.	Bagajım kayboldu.
Mein Koffer ist beschädigt worden.	Bavulum hasara uğradı.

Ankunftszeit	varış saati
Anschluss	irtibat
Anschnallgurt	emniyet kemeri
an Bord	uçakta
Bordkarte	uçağa biniş kartı
Buchung	rezervasyon
Direktflug	aktarmasız uçuş
einchecken	işlem yapmak
elektronisches Ticket	elektronik bilet
Fenstersitz	pencere kenarı
Flug	uçuş
Flugbegleiter/in	kabin memuru
Fluggesellschaft	uçak şirketi
Flughafenbus	hava alanı otobüsü
Flughafengebühr	hava alanı ücreti
Flugplan	uçuş planı
Flugstrecke	uçuş mesafesi
Flugzeug	uçak
Gepäck	bagaj
Gepäckausgabe	bagaj alma yeri
Handgepäck	el bagajı
Internetbuchung	online rezervasyon
Landung	iniş
Notausgang	imdat kapısı
Notlandung	mecburi iniş
Pilot/in	pilot
planmäßiger Abflug	tarifeye uygun kalkış
Rollfeld	uçuş pisti
Schalter	kontuar
Schwimmweste	cankurtaran yeleği
Sicherheitskontrolle	emniyet kontrolü
Spucktüte	kusma torbası
stornieren	iptal etmek
umbuchen	bileti değiştirmek
Verspätung	gecikme, rötar
zollfreier Laden	gümrüksüz eşya mağazası
Zwischenlandung	ara iniş

... MIT DEM ZUG/BUS

AM BAHNHOF | İSTASYONDA

Eine Fahrt nach ..., bitte.	...-(y)e/-(y)a bir bilet lütfen.
Eine Fahrt 2. Klasse nach ..., bitte.	...-(y)e/-(y)a 2. (ikinci) mevki için bir bilet, lütfen.
Eine Fahrt 1. Klasse nach ..., bitte.	...-(y)e/-(y)a 1. (birinci) mevki için bir bilet, lütfen.
Zweimal ... hin und zurück, bitte.	...-(y)e/-(y)a gidiş-dönüş iki bilet, lütfen.
Gibt es einen Spartarif?	İndirimli bilet var mı?
Gibt es eine Ermäßigung für Kinder/Studenten?	Çocuklar/Öğrenciler için indirim var mı?
Muss ich einen Platz reservieren?	Yer ayırtmam lazım mı?
Ich möchte diesen Koffer als Reisegepäck aufgeben.	Bu bavulu bagaja vermek istiyorum.

WIE DIE EINHEIMISCHEN

Insider Tipps

Mit dem Bus unterwegs

Beliebtestes Transportmittel für längere Reisen in der Türkei sind die sehr komfortablen und klimatisierten Überlandbusse (**şehirlerarası otobüs**), in denen übrigens das Rauchen verboten ist. Die Busse starten von Busbahnhöfen (**otogar**), die es in jeder Stadt gibt. Dort haben auch die verschiedenen Busgesellschaften ihre Büros, wo man die Fahrkarten kaufen kann. Man sollte nicht den billigsten Anbieter wählen, da dieser vielleicht bei den Personalkosten spart (übermüdete Busfahrer). Das Netz der Buslinien ist so dicht, dass man mit dem Überlandbus von jeder beliebigen türkischen Stadt in jede andere Stadt fahren kann. Von dort aus lässt sich dann mit dem Sammeltaxi (**dolmuş**) selbst das kleinste Dorf erreichen.

Ein Schwätzchen halten

Auf langen Fahrten erzählt man dem Nachbarn oder der Nachbarin gerne seine Lebensgeschichte und findet nach langem Hin und Her immer irgendwelche gemeinsame Bekannte, die man irgendwann einmal irgendwo getroffen hat. Eine häufig benutzte Redewendung dafür lautet: „**Biraz daha araştırırsak akraba çıkacağız.**" „Wenn wir noch weiter bohren, werden wir sogar Verwandte."

Hat der Zug aus ... Verspätung?	...-den/-dan gelen trenin gecikmesi var mı?
Muss ich umsteigen?	Aktarma yapmam lazım mı?
Wo muss ich umsteigen?	Nerede aktarma yapmam lazım?
Von welchem Gleis fährt der Zug nach ... ab?	...-(y)e/-(y)a giden tren hangi perondan kalkıyor?
Kann ich ein Fahrrad mitnehmen?	Yanımda bir bisiklet götürebilir miyim?

IM ZUG/IM BUS | TRENDE/OTOBÜSLE

Verzeihung, ist dieser Platz noch frei?	Affedersiniz, bu yer boş mu?
Hält dieser Zug in ...?	Bu tren ...-de/-da duruyor mu?

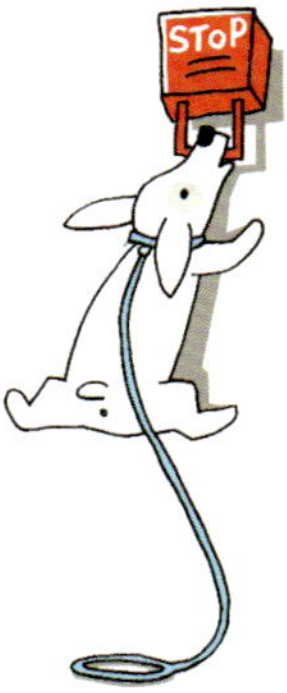

Abfahrt	hareket
Abfahrtszeit	hareket saati
Abteil	kompartıman, bölme
ankommen	varmak
Anschlusszug	aktarma treni
Aufenthalt	durma, bekleme
aussteigen	inmek
Autoreisezug	araba treni
Bahnhof	(tren) istasyon(u)
besetzt	dolu
Bus	otobüs
Ermäßigung	indirim, tenzilat
Fahrkarte	bilet
Fahrkartenschalter	bilet gişesi
Fahrplan	tren tarifesi
Fahrpreis	bilet ücreti
Fensterplatz	pencere kenarı
frei	boş
Gepäck	bagaj
Gepäckaufbewahrung	bagaj deposu, emanet
Gepäckschein	bagaj makbuzu
Gleis	peron
Hauptbahnhof	merkez istasyonu, ana gar
Internetbuchung/Ausdruck	online rezervasyon/çıktı
Kinderfahrkarte	çocuk bileti
Nichtraucherabteil	sigara içilmeyen kompartıman
Notbremse	imdat freni
Rückfahrkarte	gidiş-dönüş bileti

Schlafwagen	yataklı vagon
Schließfach	kilitli bagaj dolabı
Sitzplatzreservierung	yer ayırtma
Speisewagen	vagon restoran
Stromanschluss	elektrik bağlantısı
Toilette	tuvalet
Wartehalle	bekleme salonu
Zug	tren
Zugfähre	tren feribotu
Zuschlag	zam

... MIT DEM SCHIFF

IM HAFEN | LİMANDA

Wann fährt das nächste Schiff nach ... ab?	...-(y)e/-(y)a bundan sonraki gemi ne zaman kalkıyor?
Wie lange dauert die Überfahrt?	Karşıya geçiş ne kadar sürüyor?
Ich möchte eine Schiffskarte nach ...	...-(y)e/-(y)a bir vapur bileti istiyorum.
Ich möchte eine Karte für die Rundfahrt um ... Uhr.	Saat ...-deki/-dakı tur için bir bilet istiyorum.
Wann legen wir in ... an?	... limanına ne zaman yanaşacağız?

AN BORD | GEMİDE

Wo ist der Speisesaal?	Yemek salonu nerede?
Wo ist der Aufenthaltsraum?	Oturma salonu nerede?
Ich fühle mich nicht wohl.	Kendimi iyi hissetmiyorum.
Geben Sie mir bitte ein Mittel gegen Seekrankheit.	Deniz tutmasına karşı bana bir ilaç verin lütfen.

Anlegeplatz	iskele
an Bord	gemide
Autofähre	araba vapuru
Dampfer	vapur
Deck	güverte
Eisenbahnfähre	tren feribotu
Fahrkarte	bilet
Hafen	liman

Kabine	kabin
Kapitän	kaptan
Küste	sahil
Landausflug	karada gezi, karaya çıkış
Luftkissenboot	deniz otobüsü
Motorboot	deniz motoru
Rettungsboot	cankurtaran sandalı, kurtarma sandalı
Rettungsring	cankurtaran simidi
Ruderboot	kayık
Schwimmweste	cankurtaran yeleği
Seegang	dalgalı deniz
seekrank	deniz tutmuş

NAHVERKEHR

BUS/U-BAHN | OTOBÜS/METRO

Bitte, wo ist die nächste …-Haltestelle?	Affedersiniz, en yakın … durağı nerede?
Bus/E-Bus	otobüs/troleybüs
Sammeltaxi	dolmuş
Straßenbahn	tramvay
U-Bahn	metro
Welche Linie fährt nach …?	…-(y)e/-(y)a hangi numara gidiyor?
Wann fährt der Bus ab?	Ne zaman kalkıyor otobüs?
Entschuldigen Sie, wo muss ich aussteigen/umsteigen?	Affedersiniz, nerede inmem/aktarma yapmam lazım?
Könnten Sie mir bitte Bescheid geben, wenn ich aussteigen muss?	Oraya gelince, söyleyebilir misiniz lütfen?
Wo kann ich den Fahrschein kaufen?	Nereden bilet alabilirim?
Bitte einen Fahrschein nach …	…-(y)e/-(y)a bir bilet lütfen.
Kann ich ein Fahrrad mitnehmen?	Yanımda bir bisiklet götürebilir miyim?

Abfahrt	hareket, kalkış
aussteigen	inmek
Bus	otobüs
einsteigen	binmek
Endstation	son istasyon

UNTERWEGS

Fahrer/in	sürücü, şoför
Fahrpreis	bilet ücreti
Fahrschein	bilet
Haltestelle	durak (yeri)
Kontrolleur/Schaffner	kontrolcü, denetçi/biletçi, kondüktör
Straße	sokak, cadde
Straßenbahn	tramvay
Tageskarte/Wochenkarte	günlük/haftalık bilet
Touristenticket	turist bileti
U-Bahn	metro
Überlandbus	şehirler arası otobüs

TAXI | TAKSİ

Könnten Sie mir bitte ein Taxi rufen?	Lütfen bana bir taksi çağırır mısınız?
Wo ist der nächste Taxistand?	En yakın taksi durağı nerede?
Zum Bahnhof, bitte.	İstasyona, lütfen.
Zum Busbahnhof, bitte.	Otogara, lütfen.
Zum ... Hotel, bitte.	… oteline, lütfen.
In die ...-Straße, bitte.	… caddesine/sokağına, lütfen.
Nach ..., bitte.	…-(y)e/-(y)a, lütfen.
Wie viel kostet es nach ...?	…-(y)e/-(y)a gidiş kaça?
Das ist zu viel.	Çok fazladır.
Halten Sie bitte hier.	Burada durun, lütfen.
Das ist für Sie.	Bu size.
Die Quittung, bitte.	Makbuzu verir misiniz lütfen?

Fahrpreis	taksi ücreti
Taxifahrer	taksi şöförü
Taxistand	taksi durağı
Trinkgeld	bahşiş

MITFAHREN

Fahren Sie nach ...?	…-(y)e/-(y)a gidiyor musunuz?
Könnte ich ein Stück mitfahren?	Beni bir müddet götürür müsünüz lütfen?
Ich würde gerne hier aussteigen.	Burada inmek istiyorum?
Vielen Dank fürs Mitnehmen.	Yardımınız için çok teşekkür ederim.

> KULINARISCHE ABENTEUER

Mit Spaß bestellen und mit Genuss essen – denn für Sie ist die Speisekarte in Landessprache kein Buch mit sieben Siegeln.

ESSEN GEHEN | YEMEĞE GİTMEK

Wo gibt es hier ...	Burada nerede … var?
ein gutes Restaurant?	iyi bir restoran
ein typisches Restaurant?	yöresel bir restoran
Reservieren Sie uns bitte für heute Abend einen Tisch für 4 Personen.	Bu akşama dört kişilik bir masa ayırın lütfen.
Ist dieser Tisch/Platz noch frei?	Bu masa/yer boş mu?

ESSEN UND TRINKEN

Einen Tisch für 2/3 Personen, bitte.	İki/Üç kişilik bir masa, lütfen.
Haben Sie einen (Nicht-)-Raucherbereich?	Sizde sigara iç(mey)enler bölümü var mı?
Wo sind bitte die Toiletten?	Affedersiniz, tuvalet nerede? > Bloß nicht! S. 136
Guten Appetit!	Afiyet olsun!
Prost!	Sağlığınıza!
Das Essen ist/war ausgezeichnet!	Yemek çok güzel/güzeldi.
Ich bin satt, danke.	Teşekkür ederim, doydum.
Stört es Sie, wenn ich rauche?	Sigara içersem rahatsız olur musunuz?

BESTELLUNG | ISMARLAMA

Herr Ober/Bedienung, ...	Garson ...
die Speisekarte, bitte.	yemek listesi, lütfen.
die Getränkekarte, bitte	içecekler listesi, lütfen.
die Weinkarte, bitte.	içki listesi, lütfen.
Was können Sie mir empfehlen?	Bana ne tavsiye edersiniz?
Ich nehme ...	Ben … alacağım.
Wir haben leider kein/e ... (mehr).	Maalesef/Üzgünüm … kalmadı.
Ich hätte gerne etwas Typisches aus der Region.	Yöresel yemeklerden biri istiyorum.
Ich bin Diabetiker/Vegetarier/ Veganer.	Ben şeker hastasıyım/vejetaryenim/veganım.
Ich bin allergisch gegen ...	Benim … karşı alerjim var.
Eier/Gluten/Milchprodukte/ Natriumglutamat/Nüsse.	yumurtaya/glutene/süt ürünlerine/monosodyum glutamat/ceviz, badem, fıstık ve fındığa
Was wollen Sie trinken?	Ne içmek istiyorsunuz?
Bitte ein Glas ...	Lütfen, bir bardak …
Bitte eine (halbe) Flasche ...	(Yarım) Şişe …, lütfen.
Bitte bringen Sie uns ...	Lütfen, bize … getiriniz.

REKLAMATION | ŞİKAYETLER

Das Essen ist kalt.	Yemek soğumuş.
Das Fleisch ist nicht durch.	Et tam pişmemiş.
Haben Sie mein/e ... vergessen?	Benim … unuttunuz mu?
Das habe ich nicht bestellt.	Ben bunu ısmarlamadım.
Holen Sie bitte den Chef.	Lütfen, şefi çağırın.

BEZAHLEN | ÖDEMEK

Bezahlen, bitte.	Hesabı lütfen.
Bitte alles zusammen.	Hepsi beraber lütfen.
Könnte ich bitte eine Quittung bekommen?	Fatura verir misiniz lütfen?
Getrennte Rechnungen, bitte.	Hesaplar ayrı ayrı, lütfen.
Das ist für Sie.	Bu size.
Es stimmt so.	Üstü kalsın. (wörtl.: „den Rest können Sie behalten")
Das Essen war ausgezeichnet!	Yemek çok güzeldi.

Vielen Dank für die Einladung.	Davetiniz için çok teşekkür ederim.
Abendessen	akşam yemeği
Beilage	garnitür
Besteck	çatal bıçak
Bestellung	ısmarlama
Diabetiker	şeker hastası
durchgebraten	iyice kızartılmış
Essig	sirke
fettarm	az yağlı
frisch	taze

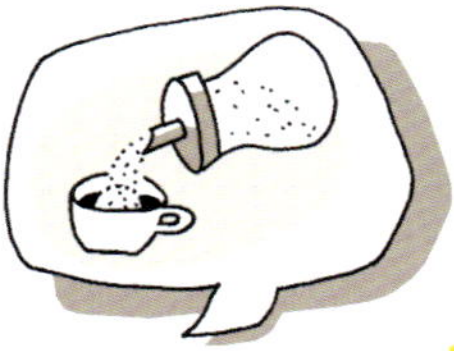

WIE DIE EINHEIMISCHEN

Insider Tipps

Was darf es sein?

Kahvehane oder **kıraathane** heißt das traditionelle türkische Kaffeehaus, in dem man den türkischen Mokka genießen kann. Es ist eine Männerdomäne wie auch das **çayhane** oder **çayevi** (das Teehaus) und das **çay bahçesi** (der Teegarten). Dort trifft sich die Männerwelt zum Plaudern, Diskutieren und zum Karten- oder Tavlaspiel (Backgammon). Frauen sind dort unerwünscht.

Aile çay bahçesi („Familienteegarten“) sind dagegen Teegärten oder Teehäuser, die für Frauen und Kinder reserviert sind. Dort sind Männer ohne weiblichen Familienanhang unerwünscht.

Das **lokanta** ist eine einfache, günstige Speisegaststätte. Hier bestellt man sein Essen nicht beim Ober, sondern wählt am Tresen, wo die Speisen hinter Glasvitrinen präsentiert werden, sein Menü aus; es genügt also, auf die gewünschten Speisen zu deuten. Im **balık lokantası** kann man Fisch essen, im **et lokantası** werden Fleischgerichte angeboten. In den **lokantas** gibt es keine alkoholischen Getränke.

Das **restoran** ist eine gehobene Speisegaststätte, die in etwa unseren Restaurants entspricht.

Das **kahvaltı salonu** ist eine Frühstücksstube, in der typisch türkisches Frühstück angeboten wird.

Das **pastane** ist eine Konditorei mit türkischen Kuchen- und Gebäckspezialitäten.

Beim **muhallebeci** gibt es leckere türkische Puddingspeisen und beim **dondurmacı** Eis.

Das **meyhane** („Weinhaus“) ist eine Kneipe mit Alkoholausschank.

Das **gazino** ist ein Restaurant mit Musik- und Gesangsprogramm, daher mit entsprechend höheren Preisen.

Das **gece kulübü** ist ein (oft nicht unbedingt seriöser) Nightclub mit entsprechend überhöhten Preisen.

frittiert	yağda kızartılmış
Frühstück	kahvaltı > S. 46
gebacken	fırında kızarmış
gebraten	yağda kızarmış
gedämpft	buğulama
gedünstet	hafif ateşte kendi suyunda pişmiş
gefüllt	doldurulmuş, dolma
gegrillt	ızgarada kızartılmış
gekocht	pişmiş, haşlanmış
Getränk	içecek > S. 45 f., 50 f.
Gewürz	baharat
glutenfrei	glutensiz
Gräte	kılçık
Hauptspeise	baş yemek > S. 47 ff.
heiß/kalt	çok sıcak/soğuk
kalorienarm	kalorisi az
Kellner/in, Ober (auch Anrede)	garson
Kinderteller	çocuk tabağı
Koch/Köchin	aşçı
Menü	mönü
Mittagessen	öğlen yemeği
Nachtisch	tatlı, meyve, deser > S. 50
Öl	yağ
Pfeffer	biber
roh	çiğ
Salat	salata > S. 41, 49
Salz	tuz
sauer	ekşi
scharf	acı
Senf	hardal
Serviette	peçete
Soße	sos, salça
Speisekarte	yemek listesi > S. 46 ff.
Suppe	çorba > S. 46
süß	tatlı
Tagesgericht	günün yemeği
Trinkgeld	bahşiş
vegetarisch	vejeteryan
Vollkorn	kepekli ekmek
Vorspeise	meze, ordövr > S. 46 f.
Wasser	su
zäh	sert, kart
Zahnstocher	kürdan
(ohne) Zucker	şeker(siz)

ESSEN UND TRINKEN

salata

fasulye

sivri biber

biber

domates

salatalık

karnabahar

brokoli

enginar

çayır mantarı

patlıcan

kereviz

patates

soğan

sarmısak

zencefil

avokado

havuç

lahana

pırasa

kuşkonmaz

mercimek

kabak

sakız kabağı

bezelye

nohut

ıspanak

mısır

adaçayı

nane

maydanoz

biberiye

kayısı

muz

ananas

mango

çilek

şeftali

kivi

üzüm

elma

armut

yaban mersimi

kiraz

frenküzümü

portakal

limon

misket limonu

papaya

karpuz

kavun

greyfurt

nar

erik

sarı erik

incir

liçi

pomelo

(büyük) Hindistan cevizi

kestane

yer fıstığı

turna yemişi

kuru meyve

karışık kuruyemiş

ESSEN UND TRINKEN

ekmek/tost

kara ekmek

kepekli ekmek

francala

simit

tuzlu simit

kruvasan

gevrek ekmek

pide

küçük francala

küçük kepekli ekmek

kepekli çavdar ekmeği

vafıl

donut

tatlı börek

pasta

pirinçli gofret

müsli

mısır gevreği

yoğurt

Tereyağ

yumurta

peynir

süt

rokfor peyniri

Camembert peyniri

taze peynir

otlu lor peyniri

yarı yumuşak peynir

parmıcan peyniri

beyaz peynir

sığır

sakatat

dişi/erkek

dana

domuz

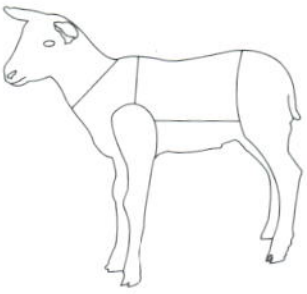

kuzu

tavuk

ördek

tavşan

yaban domuz

tek parça halinde

kuşbaşı doğranmış

kıyma

şiş kebap

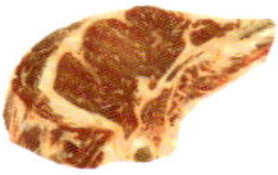

biftek

fileto

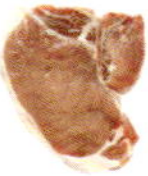

pirzola

rozbif

sosis

sucuk

salam

haşlanmış jambon

çiğ jambon

domuz içyağı

ızgara piliç

tavuk budu

ESSEN UND TRINKEN

levrek balığı

alabalık

tonbalığı

som balığı

sardalya

çağanoz

norveç ıstakozu

ıstakoz

midye

kalamar

istiridye

havyar

maden suyu

maden sodası

süt

soya sütü

meyve suyu

kola

enerji içeceği

bira

çay

kahve

kakao

buz küpleri

kırmızı şarap

beyaz şara

köpüklü şarap

kokteyl

KAHVALTI | FRÜHSTÜCK

> Zeigebilder: Seite 42 ff.

Çay/Kahve	Tee/Kaffee
Kafeinsiz kahve	koffeinfreier Kaffee
Sütlü kahve	Kaffee mit Milch
Kahvaltı tabağı	Frühstücksteller
Ekmek/Tost/Kruvason	Brot/Toast/Hörnchen
Bal	Honig
Beyaz peynir	weißer Käse, Schafskäse
Jambon	Schinken
Kaşar (peyniri)	Hartkäse
Rafadan/Hazırlop yumurta	weich/hart gekochtes Ei
Reçel	Marmelade
Salam	Salami
Tereyağı	Butter

ÇORBALAR | SUPPEN

Düğün çorbası	Hochzeitssuppe (Suppe mit Lamm-/Rindfleisch)
İşkembe çorbası	Kuttelsuppe
Kremalı domates çorbası	Tomatencremesuppe
Kremalı mantar çorbası	Pilzcremesuppe
Mercimek çorbası	Rote-Linsen-Suppe
Ot çorbası/Sebze çorbası	Kräutersuppe/Gemüsesuppe
Tarhana çorbası	Joghurtsuppe mit Hackfleisch und Gemüse
Tavuk çorbası	Hühnersuppe
Yayla çorbası	Almsuppe (Reissuppe mit Joghurt)
Yoğurt çorbası	Joghurtsuppe

MEZELER | VORSPEISEN

Antep ezmesi	scharfe Tomatensalsa und Paprika
Biber dolması	gefüllte Paprika
Börek	Käse-, Fleisch- oder Gemüsepastete
Cacık	Tsatsiki
Havuç ezmesi	Möhrencreme mit Joghurt
Haydari	Käsecreme mit Joghurt
Muska böreği	Käse- oder Fleischpastetchen
Sigara böreği	gefüllte Blätterteigröllchen, frittiert
Yaprak dolması/sarması	gefüllte Weinblätter

SPEISEKARTE

YUMURTALAR | EIERSPEISEN

Mantarlı omlet	Pilzomelette
Patatesli omlet	Kartoffelomelette
Peynirli omlet	Käseomelette
Sade omlet	einfaches Omelette
Sucuklu yumurta	Rühr- oder Spiegelei mit Wurst
Tavada/Sahanda yumurta	Spiegelei

PİLAVLAR VE MAKARNA | REIS UND NUDELGERICHTE

Pirinç pilavı	Reisbeilage
Bulgur pilavı	Weizengrützebeilage
Şehriye pilavı	Beilage aus reisförmigen Nudeln
Nohutlu pilav	Reis mit Kichererbsen
Kıymalı makarna	Nudeln mit Hackfleisch
Lazanya	Lasagne
Mantı	türkische Ravioli in Joghurt
Yoğurtlu makarna	Nudeln mit Joghurtsoße
Fırın makarna	Nudelauflauf

WIE DIE EINHEIMISCHEN

Insider Tipps

Guten Appetit!

Wenn man mit Freunden/Bekannten beim Essen sitzt, wünscht man **„afiyet olsun"** (einen guten Appetit). Meist wird dies mit **„siz de buyrun"** beantwortet, was zwar „bitte, greifen Sie auch zu" bedeutet, jedoch nicht zu wörtlich genommen werden sollte.

Wann und was?

Türkische Vorspeisen bestehen fast ausschließlich aus Gemüse, wobei Melone und Schafskäse auf keinen Fall fehlen dürfen. Der Hauptgang besteht aus gegrillten Fleisch-, Fisch- oder Geflügelgerichten. Hühnerbrust, in sehr feine Fasern geschnitten, befindet sich übrigens auch in einem süßen Reismehlpudding, genannt **tavuk göğsu**, der gar nicht nach Hühnchen schmeckt. Zum Abschluss kann man einen türkischen Mokka trinken, bei dem der Zucker mitgekocht wird. Daher muss man ihn **sade** (ohne Zucker), **az şekerli** (mit wenig Zucker), **orta şekerli** (mittelsüß) oder **çok şekerli** (sehr süß) bestellen.

SEBZELİ YEMEKLER | GEMÜSEGERICHTE

Zeigebilder: Seite 41

İmambayıldı	kalte Auberginen mit Olivenöl
Mücver	Zucchinireibekuchen
Patates kızartması	Pommes frites
Patlıcan kızartması	gebratene Auberginenscheiben
Pirinçli ıspanak	Spinat mit Reis
Taze fasulye	frische Bohnen, kalt
Türlü	Gemüseeintopf
Yoğurtlu ıspanak	Spinat mit Joghurt
Yumurtalı ıspanak	Spinat mit Spiegelei

ETLİ YEMEKLER | FLEISCHGERICHTE

Zeigebilder: Seite 44

Biftek	Beefsteak
Çiğer tava/ızgara	Leberschnitten gebraten/gegrillt
Hindi rosto	Putenbraten
Izgara köfte	gegrillte Frikadellen
Kadınbudu köfte	Lammfleischfrikadellen mit Reis

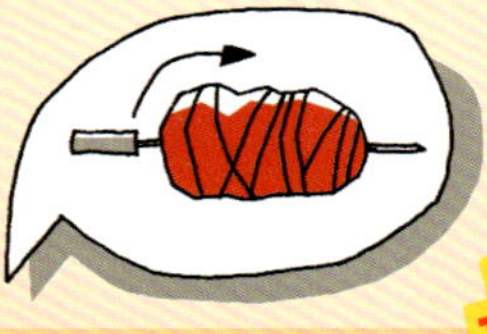

WIE DIE EINHEIMISCHEN

Insider Tipp

Den Spieß umdrehen

Jeder hat sicher schon mal einen Döner-Kebap gegessen. Kennen Sie auch seine Geschichte? Als der Koch Iskender vor circa 130 Jahren eines Tages in seinem Restaurant seinen herrlich duftenden Fleischspieß über der heißen Glut der Holzkohle grillte, kam ihm die Idee: „Warum den Spieß nicht einmal auf den Kopf stellen?" So tat er es auch und schnitt die garen Stellen des Fleisches in hauchzarte, papierdünne Streifen. Genauso wie damals schneiden heute seine Urenkel in dem gleichnamigen Restaurant in der Stadt Bursa, im **Kebapçı İskender**, die Fleischteile ab. Diese werden auf mundgerecht zugeschnittene Fladenbrotstücke, die mit Tomatensoße bestrichen sind, verteilt. Das Kunstwerk wird mit Joghurtsoße übergossen und zuletzt mit frischer, zerlassener Butter gekrönt.

> *www.marcopolo.de/tuerkisch*

Karışık ızgara	gemischte Grillplatte
Karnıyarık	mit Hackfleisch gefüllte Auberginen
Kuzu yahni	Lammragout
Kuzu/Dana pirzola	Lamm-/Kalbskotelett
Macar gulaş	ungarisches Gulasch
Piliç ızgara	gegrilltes Hähnchen
Rozbif	Roastbeef
Saç kavurma	türkisches Gulaschgericht
Şiş kebap	Fleischspieß

SALATALAR | SALATE

Çoban salatası	Hirtensalat (mit Tomaten, Paprika, Gurken und Schafskäse)
Karışık salata	gemischter Salat
Mevsim salatası	Salat der Saison
Pancar turşusu	Rote-Bete-Salat
Patlıcan salatası	Auberginensalat
Piyaz	Weiße-Bohnen-Salat
Roka salatası	Rukolasalat, Raukensalat

BALIKLAR | FISCH

Zeigebilder: Seite 45

Alabalık	Forelle
Çipura	Goldbrasse
Dil balığı	Seezunge
Gümüş balığı	Ährenfisch
Hamsi	Sardelle, Anchovis
İskorpit	Meersau
İskorpit hanisi	Wrackbarsch
Kalkan balığı	Steinbutt
Karagöz balığı	Zweibindenbrasse
Kılıç balığı	Schwertfisch
Kırlangıç balığı	Roter Knurrhahn
Kolyoz balığı	Mittelmeermakrele
Levrek	Wolfsbarsch
Lüfer	Blaubarsch, Blaufisch
Mezgit	Merlan, Wittling
Palamut	Bonito, Pelamide
Papaz balığı	Mönchsfisch

Sardalya	Sardine
Som(on balığı)	Lachs
Trakonya	Petermännchen
Uskumru	Makrele
Zargana balığı	Hornhecht
Zurna balığı	Makrelenhecht

TATLI VE MEYVELER | OBST UND SÜSSSPEISEN

> Zeigebilder: Seite 42 f.

Baklava	Blätterteiggebäck mit Pistazien, Walnüssen u. Ä.
Dondurma	Speiseeis
Helva	Süßigkeit auf Sesamgrundlage mit Nüssen, Pistazien u. Ä.
Karışık meyve	Früchtekorb
Karpuz	Wassermelone
Kavun	Honigmelone
Kazandibi	karamellisierter Reismehlpudding
Keşkül	Mandelpudding
Komposto	Kompott
Lokum	gelierte Süßigkeit mit Nüssen u. Ä.
Meyve salatası	Obstsalat
Muhallebi	Reismehlpudding
Sütlaç	Milchreis
Tavuk göğsü	Hühnerbrustpudding
Tulumba	in Sirup getränktes Spritzgebäck

İÇKİLER | ALKOHOLISCHE GETRÄNKE

Rakı	Raki (Anisschnaps)
Votka	Wodka
Kanyak	Kognak
Bira	Bier
Şarap (sek/tatlı)	Wein (trocken/lieblich)
Beyaz/Kırmızı/Pembe şarap	Weiß-/Rot-/Roséwein
Köpüklü şarap	Sekt

GETRÄNKEKARTE

MEŞRUBATLAR | ALKOHOLFREIE GETRÄNKE

Çay	Tee
Sütlu kahve	Kaffee mit Milch
Türk kahvesi	türkischer Mokka
Salep	warmes Milchgetränk mit Knabenkraut
Maden suyu	Mineralwasser ohne Kohlensäure
Soda	Mineralwasser mit Kohlensäure
Gazoz	Limonade
Elma suyu	Apfelsaft
Portakal suyu	Orangensaft
Kayısı suyu	Pfirsichsaft
Ayran	Joghurtgetränk
Buzlu çay	Eistee

WIE DIE EINHEIMISCHEN

Insider Tipps

Typisch türkisch

Ein typisch türkisches Frühstück besteht aus Weiß- oder Fladenbrot, Butter, Marmelade, Schafskäse, Oliven und schwarzem Tee.

Nicht wundern!

Zur Rechnung im Restaurant oder im Café kommen noch 15 % Bedienung und 10 % Steuern hinzu.

Nicht zu leger

In Urlaubsorten und Touristenzentren gehört leichte Sommerkleidung inzwischen zwar zum Straßenbild und ist durchaus akzeptiert, zum Abendessen sollten insbesondere männliche Gäste jedoch nicht in kurzen Hosen und Badeschlappen erscheinen.

Tee und Alkohol

Der türkische Tee wird zu jeder Tageszeit genossen und bietet eine willkommene Gelegenheit für eine kleine Pause oder einen kleinen Plausch. Das Teehaus dient den Männern neben dem Teetrinken vor allem zur Kommunikation: ähnlich dem irischen Pub, aber mit dem Unterschied, dass im türkischen Teehaus weder Frauen noch alkoholische Getränke erlaubt sind. Alkohol wird in der Türkei infolge der Islamisierung immer verpönter. Seinem Genuss, wenn auch von vielen praktiziert, haftet etwas Anrüchiges an. Daher gibt es in Anatolien ganze Städte und in Großstädten ganze Stadtteile, in denen man kaum ein Lokal mit Alkoholausschank findet.

> ERFOLGREICH SHOPPEN

Mal ist es der schicke Schuh oder das schöne Souvenir, mal die Zahnbürste oder das Vollkornbrot – jetzt sind Sie für alle Eventualitäten gerüstet. Plus: praktische Zeigebilder

IM GESCHÄFT | MAĞAZADA

Danke, ich sehe mich nur um.	Teşekkür ederim, sadece bakıyordum.
Wo finde ich …?	Nerede … bulabilirim?
Ich möchte …	… istiyorum.
Haben Sie …?	Sizde … var mı?
Nehmen Sie Kreditkarten?	Kredi kartı alıyor musunuz?
Wie viel kostet es?	Bu kaça?
Das ist aber teuer.	Bu çok pahalı.
Können Sie am Preis noch etwas machen?	Biraz indirim yapar mısınız?

EIN KAUFEN

Ich zahle höchstens ... Lira.	… liradan fazla ödemem.
Ich nehme es.	Bunu alıyorum.
Können Sie mir ein ...geschäft empfehlen?	Bana bir … dükkânı tavsiye edebilir misiniz?

ÖFFNUNGSZEITEN AÇILIŞ SAATLERİ

offen	açık
geschlossen	kapalı
Betriebsferien	iş tatili

GESCHÄFTE | DÜKKANLAR

Danışma

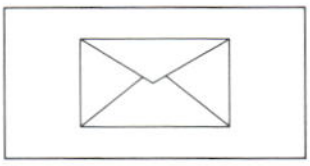
postane

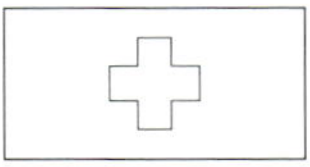
eczane

eczacı, ıtriyatçı

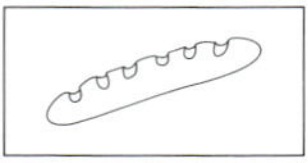
fırın, ekmekçi

manav

kasap

doğal ürünler dükkanı

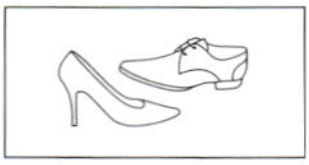
ayakkabı mağazası

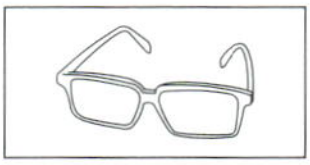
gözlükçü

kuyumcu

deri eşya mağazası

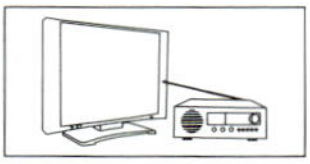
elektrik dükkanı

bilgisayar mağazası

fotoğraf dükkanı

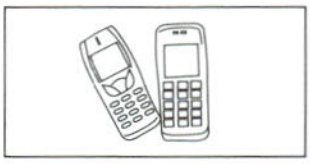
cep telefonu mağazası

gazete bayii

kitabevi

plak mağazası

oyuncakçı

şarapçı

içki satış yeri

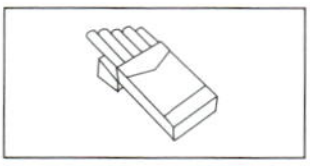
tütün bayii, sigaracı

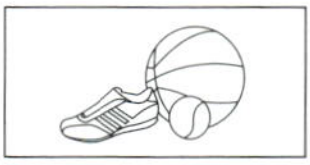
spor malzemesi dükkanı

çiçekçi

berber

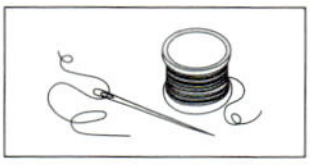
ev eşyaları

seyahat acentası

Einkaufszentrum	alış veriş merkezi
Flohmarkt	bit pazarı
Kaufhaus	büyük mağaza
Lebensmittelgeschäft	bakkal, gıda satış mağazası
Markt	pazar, çarşı
Reiseandenken	hatıra eşyası
Supermarkt	süpermarket

> www.marcopolo.de/tuerkisch

APOTHEKE | ECZANE

Arzt: Seite 104ff.

Wo ist die nächste Apotheke?	En yakın eczane nerede?
Geben Sie mir bitte etwas gegen ...	...-(y)e/-(y)a karşı bir şey verin, lütfen.
Dieses Mittel ist verschreibungspflichtig.	Bu ilaç ancak reçete ile alınabilir.

MAN NEHME ... ... ALINIZ.

innerlich/äußerlich anwenden	dahilen/haricen kullanılır
vor dem Essen	yemekten önce
nach dem Essen	yemekten sonra
auf nüchternem Magen	aç karnına
einmal/mehrmals täglich	günde 1/birkaç defa/kere/kez

weiter auf Seite 58

WIE DIE EINHEIMISCHEN

Insider Tipps

Feilschen erwünscht

Der Grundsatz jeglichen Feilschens lautet: hart in der Sache, aber stets freundlich im Umgang. Bei größeren Einkäufen oder als Vorbereitung dazu wird der Besitzer Sie zu einem Tee oder einem anderen Getränk in seinen Laden einladen. Es empfiehlt sich, die Preise der Geschäfte in der Umgebung zu vergleichen. Haben Sie ruhig den Mut, mindestens ein Viertel des Preises herunterzuhandeln.
Lebensmittel, auch auf dem Markt, werden allerdings zu festen Preisen angeboten. Hier sollten Sie auf keinen Fall zu feilschen versuchen. Auch in vornehmen Geschäften ist das Feilschen eher unüblich.

„Meine Seele"

In Geschäften werden Frauen von anderen Frauen häufig mit der freundlichen Anrede **„canım"** (wörtl. „meine Seele") angesprochen.

Rauchen verboten

Auch die Türkei hat dem Rauchen den Kampf angesagt: Seit 2008 gilt ein Rauchverbot in allen geschlossenen oder mit Sonnenschutz überdachten öffentlichen Räumen wie Ämtern, Büros, Einkaufszentren sowie in Verkehrsmitteln, seit Juni 2009 auch in Gaststätten.

DROGERIE | ECZACI, ITRİYATÇI

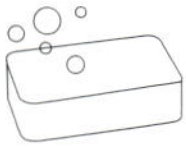
sabun

deodorant

krem

tuvalet kağıdı

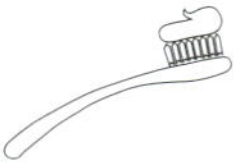
diş fırçası

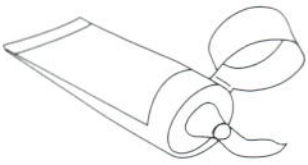
diş macunu

diş ipi

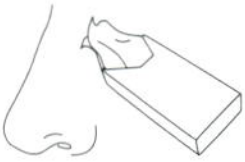
kâğıt mendil

şampuan

saç spreyi

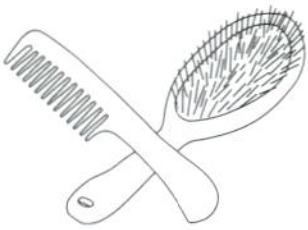
tarak, saç fırçası

ayna

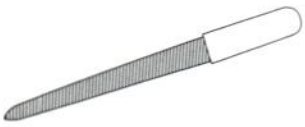
tırnak törpüsü

cımbız

tırnak makası

parfüm, esans

tampon

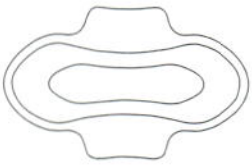
ped

rimel

ruj

jilet

tıraş bıçağı

tıraş losyonu

prezervatif

güneş kremi

termofor

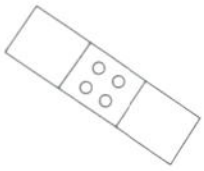
plaster

kulak tıkacı

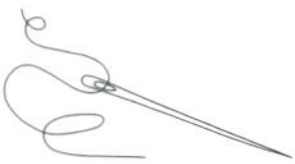
iğne

iplik

çengelli iğne

düğme

ELEKTRO/COMPUTER/FOTO
ELEKTRİK/BİLGİSAYAR/FOTOĞRAFÇILIK

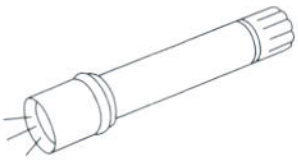
el feneri

ampul

pil

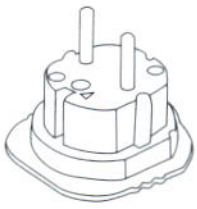
adaptör

dizüstü bilgisayar

dizüstü bilgisayar şarj kablosu

CD/DVD

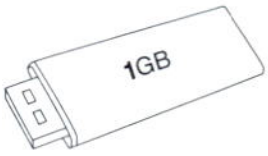

memory stick

yazıcı

tarayıcı

cep telefonu

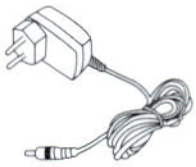
cep telefonu şarj kablosu

televizyon

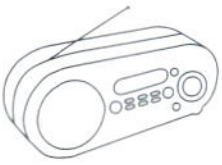
radyo

MP3 çalar/iPod

kulaklık

dijital kamera

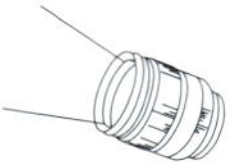
teleobjektif

akü

hafıza kartı

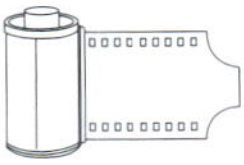
film

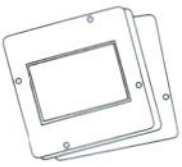
slayt

sualtı kamerası

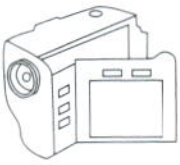
film kamerası

çalar saat

elektrikli tıraş makinesi

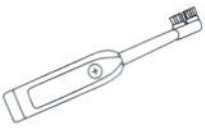
elektrikli diş fırçası

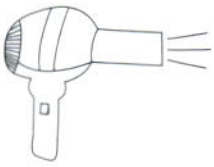
fön

Abführmittel	müshil
Antibiotikum	antibiyotik
Aspirin®	aspirin
Augentropfen	göz damlası
Beruhigungsmittel	teskin edici ilâç, sinir ilâcı
Brandsalbe	yanık merhemi
Desinfektionsmittel	dezenfekte ilâcı
Elastikbinde	elastik sargı
Fieberthermometer	termometre
Gegengift	panzehir
Halstabletten	boğaz hapı
Hustensaft	öksürük şurubu
Insektenmittel	haşarat ilâcı
Insulin	ensulin
Jod(tinktur)	tentürdiyot
Kamillentee	papatya çayı
Kondom	prezervatif
Kopfschmerztabletten	baş ağrısı hapı
Kreislaufmittel	kan dolaşımı ilâcı
Magentropfen	mide ilacı
Medikament	ilaç
Mullbinde	gaz bezi
Nebenwirkungen	yan etkiler
Ohrentropfen	kulak damlası
Pflaster	plaster
Pille/Pille danach	doğum kontrol hapı/**ertesi gün hapı**
Puder	pudra
Rezept	reçete
Salbe	merhem
Schlaftabletten	uyku hapı
Schmerztabletten	ağrı kesici hapı
Sonnenbrand	güneş yanığı
Tablette	tablet, hap
Traubenzucker	glikoz, üzüm şekeri
Tropfen	damla
Zäpfchen	fitil

FRISEUR | BERBER

Kann ich mich für morgen anmelden?	Yarın gelebilir miyim?
Waschen und föhnen, bitte.	Yıkanıp fön çekilecek, lütfen.
Schneiden mit Waschen, bitte.	Yıkayıp kesin, lütfen.

Schneiden ohne Waschen, bitte.	Yıkamadan kesin, lütfen.
Ich möchte mir die Haare färben/tönen lassen.	Saçımı boyatmak/rengini tazeletmek istiyorum.
Nicht zu kurz, bitte.	Çok kısa olmasın, lütfen.
Ganz kurz, bitte.	Çok kısa, lütfen.
Etwas kürzer, bitte.	Biraz daha kısa, lütfen.
Rasieren, bitte.	Traş edin, lütfen.
Stutzen Sie mir bitte den Bart.	Sakalımı düzeltin, lütfen.
Vielen Dank. So ist es gut.	Çok teşekkür ederim. Böyle iyi.

Augenbrauen zupfen	kaş almak
Bart	sakal
färben	boyamak
föhnen	fön çekmek
frisieren	saçını tertiplemek, saç tuvaleti yapmak
Frisur	saç biçimi
glätten	düzleştirmek
Haar	saç
Haarschnitt	saç tıraşı
kämmen	saç taramak
Locken	lüle saç
Pony	kakül
Scheitel	saç ayrımı
Schnurrbart	bıyık
Schuppen	kepek
Shampoo	şampuan

WIE DIE EINHEIMISCHEN

Insider Tipps

„Sıhhatler olsun"

„Es möge Gesundheit bringen", wünscht man jemandem, der die Haare frisch geschnitten, oder einer Frau, die eine neue Frisur hat. Dasselbe sagt man auch, wenn jemand in einem Hamam oder zu Hause ein Bad genommen hat.

„Güle güle giyin"

Wenn jemand ein neues Kleidungsstück trägt, wünscht man ihm: **„Güle güle giyin"** („Tragen Sie es lachend"), und wenn sich jemand eine neue Anschaffung geleistet hat: **„Güle güle kullanın"** („Benutzen Sie es lachend"). Dieselben Formeln verwenden auch gerne Verkäufer und Verkäuferinnen gegenüber ihren Kunden.

Spitzen schneiden	saç uçlarını kesmek
Strähne	röfle
Stufen	katlı kesim
tönen	hafifçe boyamak

KLEIDUNG | GİYİM

Können Sie mir ... zeigen?	Bana … gösterebilir misiniz?
Kann ich es anprobieren?	Prova edebilir miyim?
Welche (Konfektions-)Größe haben Sie?	Kaç numara giyiyorsunuz?
Das ist mir zu klein/groß.	Bu bana çok küçük/büyük.
Das passt gut. Ich nehme es.	Bu iyi uyuyor. Bunu alıyorum.
Das ist nicht ganz, was ich möchte.	Bu tam istediğim gibi değil.
Haben Sie das auch noch in einer anderen Farbe?	Sizde bunun başka renklisi var mı?
Danke, ich denke nochmals darüber nach.	Teşekkür ederim, biraz daha düşünmem lazım.

LEBENSMITTEL | GIDA MADDELERİ

Eine ausführliche Übersicht zu Lebensmitteln und Gerichten finden Sie im Kapitel ESSEN UND TRINKEN auf Seite 41 ff.

Was ist das?	Bu ne?
Kann ich es probieren?	Tadına bakabilir miyim?
Verkaufen Sie ...?	Siz … satıyor musunuz?
Bioprodukte	organik ürünler
Produkte aus der Region	yöresel ürünler
Geben Sie mir bitte ...	Bana … veriniz, lütfen.
ein Pfund (500 g) ...	yarım kilo …
ein Kilo ...	bir kilo …
ein Stück von ...	bir tane …, bir parça …
eine Packung ...	bir paket …
eine Dose/Flasche ...	bir kutu/şişe …
eine Einkaufstüte.	bir poşet
Danke, das ist alles.	Hepsi bu kadar, teşekkürler.

weiter auf Seite 62

tişört

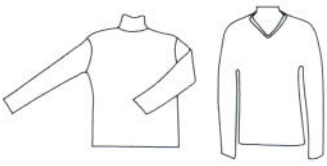
kazak

kapşonlu kazak

ceket

pantolon

şort

etek

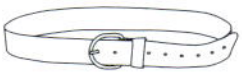
kemer

bluz

gömlek

erkek ceketi

hırka

erkek elbisesi

elbise, giysi

kostüm, döpiyes

(Damen) manto,
(Herren) palto

külotlu çorap

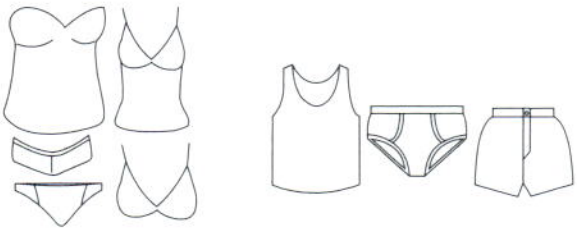
iç çamaşır

bornoz

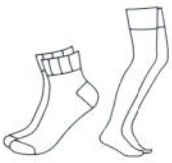
çorap

mayo

mayo

bikini

kasket

şapka

eldiven

atkı

Backwaren	hamur işi > S. 43, 46, 50
Biokost	organik gıda
Brot	ekmek > S. 43, 46
Butter	tereyağı > S. 43, 46
Eier	yumurta > S. 43, 46
(Speise-)Eis	dondurma
Essig	sirke
Fisch	balık > S. 45, 49
Fleisch	et > S. 44, 48 f.
frisch	taze
Gemüse	sebze > S. 41, 48
Getränke	içecekler > S. 45 f., 50 f.
Kaffee	kahve > S. 45 f., 51
Käse	peynir > S. 43, 46
Kekse	bisküvit
Konserven	konserve
(ohne) Konservierungsstoffe	konserve maddeleri (içermeyen)
Kuchen	pasta > S. 43
Margarine	margarin
Marmelade	reçel, marmelat > S. 46
Majonäse	mayonez
Mehl	un
Milch	süt > S. 43, 46
Milchprodukte	süt ürünleri > S. 43, 46
Mineralwasser	maden suyu, soda > S. 45, 51
Nudeln	makarna
Nüsse	kuruyemiş > S. 43
Obst	meyva > S. 42, 46, 50
Öl	yağ
Orangensaft	portakal suyu > S. 51
Pfeffer	biber, karabiber
Sahne	kaymak
Salat	salata > S. 41, 49
Salz	tuz
Schokolade	çikolata
Senf	hardal
Suppe	çorba > S. 46
Süßigkeiten	şeker, tatlılar
Teebeutel	poşet çayı
Toast	tost > S. 43, 46
Vollkorn	kepekli hamur işi
Wein	şarap > S. 45, 50
Wurst	sucuk (türkische Art)
(ohne) Zucker	şeker(siz)

OPTIKER | GÖZLÜKÇÜ

Würden Sie mir bitte diese Brille reparieren?	Bu gözlüğü tamir eder misiniz, lütfen?
Ich bin kurzsichtig/ weitsichtig.	Ben miyopum/hipermetropum.
Wie ist Ihre Sehstärke?	Gözlüğünüz kaç derece?
rechts ..., links ...	sağ ..., sol ...
Wann kann ich die Brille abholen?	Gözlüğü ne zaman alabilirim?
Ich hätte gern ...	... istiyorum.
Aufbewahrungslösung	Saklama solüsyonu
Reinigungslösung	Temizleme solüsyonu
für harte/weiche Kontaktlinsen.	Sert/Yumuşak lensler için
Ich suche ...	
Eintageslinsen.	**Günlük lensler** arıyorum.
eine Sonnenbrille.	Bir güneş gözlüğü arıyorum.
ein Fernglas.	Bir dürbün arıyorum.

SCHMUCKWAREN | MÜCEVHERAT

Meine Uhr geht nicht mehr. Können Sie mal nachsehen?	Saatim işlemiyor. Bir bakar mısınız?
Ich möchte ein schönes Andenken/Geschenk.	Güzel bir hatıra/hediye istiyorum.

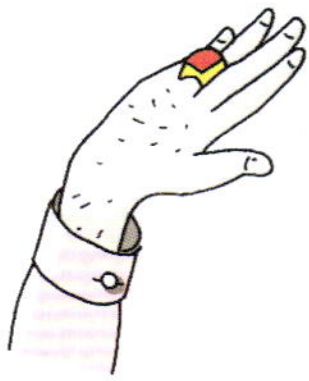

Anhänger	pandantif
Armband	bilezik
Armbanduhr	kol saati
Brosche	broş, iğne
echt	saf
(Edel-)Stein	(değerli) taş
Gold	altın
Kette	zincir
Kristall	kristal
Modeschmuck	incik boncuk
Ohrringe	küpe
Perle	inci
Ring	yüzük
Schmuck	ziynet, süs
Silber	gümüş
wasserdicht	su geçirmez

SCHUHGESCHÄFT | AYAKKABI MAĞAZASI

Ich möchte ein Paar ...schuhe.	Bir çift … ayakkabı istiyorum.
Ich habe Schuhgröße ...	… numara ayakkabı giyiyorum.
Sie sind zu eng/weit.	Bunlar çok dar/geniş.

(mit) Absatz	topuk(lu)
Damenschuh	kadın ayakkabı
Gummistiefel	lâstik çizme
Leder-/Gummisohle	deri/lastik taban
Männerschuh	erkek ayakkabı
Mokassin	mokasen (ökçesiz bağsız ayakkabı)
Sandalen	sandalet, açık ayakkabı
Schuh	ayakkabı
Schuhcreme	ayakkabı boyası
Stiefel	çizme
Turnschuhe	spor ayakkabısı
Wander-/Trekkingschuh	yürüyüş/trekking ayakkabısı

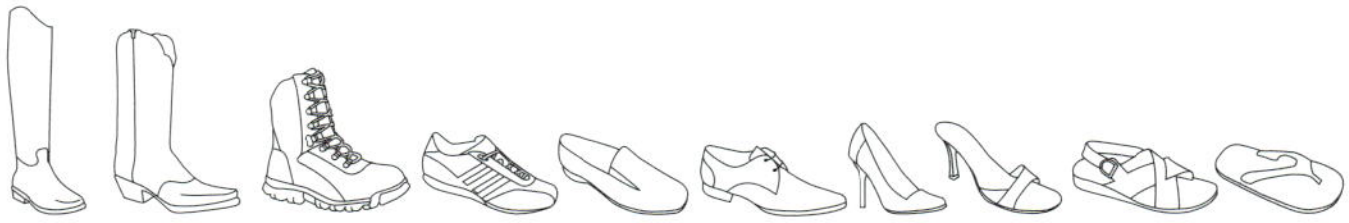

SOUVENIRS | HATIRA EŞYALARI

Ich hätte gern ...	… istiyorum.
ein schönes Andenken.	Güzel bir hatıra eşyası
etwas Typisches aus dieser Gegend.	Buranın tipik bir eşyasını
Ich möchte etwas nicht zu Teures.	Çok pahalı bir şey olmasın.
Das ist aber hübsch.	Bu ama çok güzel.
Können Sie mir das bitte als Geschenk verpacken?	Bunu hediye paketi yapar mısınız, lütfen?
Danke schön, ich habe nichts gefunden(, das mir gefällt).	Teşekkür ederim, (hoşuma giden) bir şey bulamadım.

echt	hakiki
Folkloreladen	folklor mağazası
handgemacht	el işi
Keramik	seramik
kitschig	telli pullu

Meerschaumpfeife	lületaşı pipo
Mitbringsel	hediye
regionales Produkt/ Spezialität	bölgesel ürün/spesiyalite
Schmuck	süs
Schnitzerei	oyma işi
Stickerei	nakış
Töpferwaren	çanak çömlek
Wasserpfeife	nargile

SCHREIBWAREN UND BÜCHER | KIRTASİYE VE KİTAPLAR

Ich hätte gern ...	... istiyorum.
eine deutsche Zeitung.	Bir Alman gazetesi
eine Zeitschrift.	Bir mecmua/dergi
einen deutschen/englischen Roman.	Bir Alman/İngiliz romanı
einen Kriminalroman.	Bir polisiye romanı
einen Reiseführer.	Bir seyahat kılavuzu

Bleistift	kurşun kalem
Briefmarke	pul
Briefpapier	mektup kâğıdı
Briefumschlag	zarf
Comicheft	çizgi roman
Klebstoff	yapıştırıcı
Kochbuch	yemek kitabı
Kugelschreiber	tükenmez kalem
Landkarte	harita
Notizblock	bloknot
Papier	kâğıt
Postkarte	kartpostal
Radiergummi	silgi
Reiseführer	seyahat kılavuzu
Roman	roman
Spielkarten	iskambil kağıdı
Stadtplan	şehir plânı
Straßenkarte	yol haritası
Taschenbuch	cep kitabı
Landkarte dieser Gegend	yörenin bir haritasını
Zeichenblock	resim defteri
Zeitschrift	dergi, mecmua
Zeitung	gazete

> ZIMMER MIT AUSSICHT

Ob WLAN im Hotel, die Kinderbetreuung in der Ferienanlage, die Rechnung per Kreditkarte – alles nur eine Frage des Service. Äußern Sie Ihre Wünsche!

AUSKUNFT

Reiseplanung: Seite 8 f.

Können Sie mir bitte ... empfehlen?	Bana … tavsiye edebilir misiniz, lütfen?
ein gutes Hotel/eine Pension	iyi bir otel/bir pansiyon
einen Campingplatz	bir kamping yeri
eine Jugendherberge	bir gençlik hosteli
Können Sie mir bitte etwas in der Nähe empfehlen?	Bana yakınlarda bir otel tavsiye edebilir misiniz, lütfen?

ÜBER NACHTEN

... IM HOTEL

REZEPTION | RESEPSİYON

Ich habe bei Ihnen ein Zimmer reserviert. Mein Name ist ...	Ben bir oda ayırttım. Adım …
Haben Sie noch Zimmer frei?	Boş odanız var mı?
... für eine Nacht.	Bir gecelik …
... für zwei Tage.	İki günlük …
... für eine Woche.	Bir haftalık …

Nein, wir sind leider vollständig belegt.	Hayır, maalesef tamamen doluyuz.
Ja, was für ein Zimmer wünschen Sie?	Evet, nasıl bir oda istiyorsunuz?
ein Einzelzimmer	tek kişilik bir oda
ein Doppelzimmer	çift kişilik bir oda
ein Zweibettzimmer	çift yataklı bir oda
mit Dusche	duşlu
mit Bad	banyolu
ein ruhiges Zimmer	sakin bir oda
mit Blick aufs Meer	deniz manzaralı
Kann ich das Zimmer ansehen?	Odayı görebilir miyim?
Könnten Sie noch ein drittes Bett/Kinderbett dazustellen?	Üçüncü bir yatak/Bir çocuk yatağı koyabilir misiniz?
Haben Sie WLAN?	Sizde WLAN var mı?
Was kostet das Zimmer mit ...	Bu oda … kaça?
Frühstück?	kahvaltılı
Halbpension?	akşam/öğlen yemekli (yarım pansiyon)
Vollpension?	tam pansiyon
Ab wann gibt es Frühstück?	Kahvaltı saat kaçta başlıyor?
Wo ist das Restaurant?	Restoran nerede?
Wecken Sie mich bitte morgen früh um ... Uhr.	Beni yarın sabah saat … -de/-da uyandırın lütfen.
Bitte meinen Schlüssel.	Anahtarımı lütfen.

> Frühstück: ESSEN UND TRINKEN auf Seite 46

BEANSTANDUNGEN | ŞİKAYETLER

Das Zimmer ist nicht gereinigt worden.	Oda temizlenmemiş.
Die Dusche ...	Duş …
Die Spülung ...	Sifon …
Die Heizung ...	Kalorifer …
Das Licht ...	Işık …
funktioniert nicht.	bozuk.
Es kommt kein (warmes) Wasser.	(Sıcak) Su gelmiyor.
Die Toilette/Das Waschbecken ist verstopft.	Tuvalet/Lavabo tıkalı.

ÜBERNACHTUNG

ABREISE | YOLA ÇIKIŞ/AYRILIŞ

Wann muss ich spätestens auschecken?	Ne zamana kadar çıkış yapmam lazım?
Kann ich mein Gepäck bis (heute Abend) hierlassen?	Bagajımı (bu akşama) kadar buraya emanet edebilir miyim?
Ich reise heute Abend/ morgen um ... Uhr ab.	Bu akşam/Yarın saat ...-de/-da yola çıkıyorum.
Machen Sie bitte die Rechnung fertig.	Hesabı çıkarır mısınız lütfen?
Kann ich mit Kreditkarte bezahlen?	Kredi kartı ile ödeyebilir miyim?
Vielen Dank für alles! Auf Wiedersehen!	Her şey için teşekkür ederim. Allahaısmarladık.

Abendessen	akşam yemeği
Adapter	adaptör
Anmeldung	kayıt
Babyphone	bebek dinleme cihazı
Bademantel	bornoz
Badezimmer	banyo odası
Bett	yatak
Bettwäsche	yatak takımı
Bügeleisen	ütü
Dusche	duş
Etage	kat
Fenster	pencere
Fernsehraum	televizyon odası
Frühstück	kahvaltı
Frühstücksraum	kahvaltı salonu

WIE DIE EINHEIMISCHEN

Insider Tipp

Nostalgische Atmosphäre

Für diejenigen, die das Besondere lieben: In vielen Städten sind alte, osmanische Häuser und Villen restauriert und in Hotels umgewandelt worden.

> Die MARCO POLO Reiseführer zur Türkei bieten Ihnen sicher eine gute Entscheidungshilfe. Besondere Tipps finden Sie auch auf www.marcopolo.de

Halbpension	yarım pansiyon
Handtuch	havlu
Hauptsaison	ana sezon
Heizung	kalorifer
Kinderbetreuung	çocuk bakımı
Kinderbett	çocuk yatağı
Kinder-Spielzimmer	oyun odası
Klimaanlage	klima tesisatı
Kopfkissen	yastık
Lampe	lamba
Mittagessen	öğlen yemeği
Nachsaison	sezon sonrası
Nachttisch	gece masası
Nachttischlampe	gece lambası
Pension	pansiyon
Portier	kapıcı
Radio	radyo
reinigen	temizlemek
(Sofort-)Reinigung (Kleidung)	(ekspres) kuru temizleme
Reservierung	ayırtma
Restaurant	restoran
Rezeption	resepsiyon
Safe	çelik kasa
Schlüssel	anahtar
Schrank	dolap
Spiegel	ayna
Steckdose	priz
Stecker	fiş
Toilette	tuvalet
Toilettenpapier	tuvalet kağıdı
Übernachtung	geceleme
Vollpension	tam pansiyon
Vorsaison	sezon öncesi
Waschbecken	lavabo
Wasser	su
kaltes Wasser	soğuk su
warmes Wasser	sıcak su
Wasserhahn	musluk
WLAN	WLAN
Wolldecke	yün battaniye
Zimmer	oda
Zimmermädchen	oda hizmetçisi

ÜBERNACHTUNG

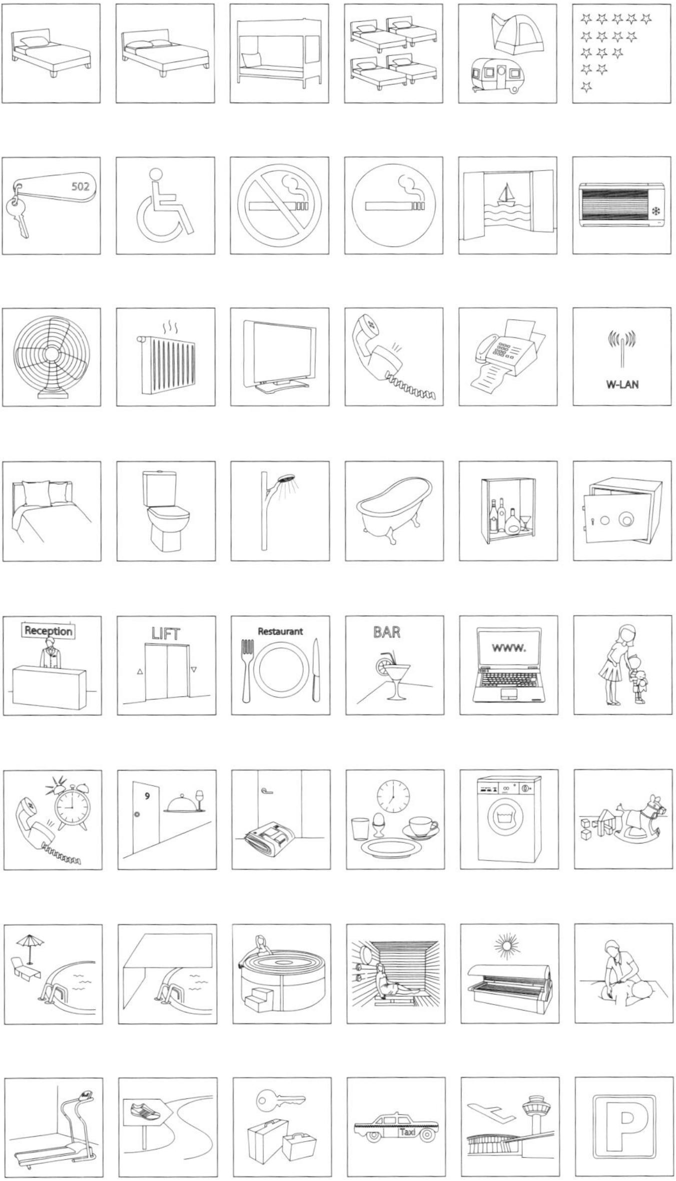

... IM FERIENHAUS

Reiseplanung: Seite 8 f.

Ist der Strom-/Wasserverbrauch im Mietpreis enthalten?	Elektrik/Su masrafları kiranın içinde mi?
Sind Bettwäsche und Handtücher vorhanden?	Çarşaflar ve havlular var mı?
Sind Haustiere erlaubt?	Ev hayvanlarına müsaade var mı?
Wo bekommen wir die Schlüssel für das Haus?	Evin anahtarını nereden alacağız?
Müssen wir die Endreinigung selbst übernehmen?	Son temizliği bizim mi yapmamız lazım?

Anreisetag	varış günü
Anzahlung	kaparo
Appartement	küçük daire
Bettwäsche	yatak takımı
Bungalow	bungalov
Endreinigung	son temizlik
Ferienanlage	tatil tesisi
Ferienhaus	tatil evi, yazlık
Ferienwohnung	yazlık daire
Flaschenöffner	şişe açacağı
Geschirrtuch	kurulama bezi
Handtuch	havlu
Hausbesitzer/in	ev sahibi
Haustiere	ev hayvanları
Kaution	depozito
Kochnische	küçük ocak
Korkenzieher	tirbuşon
Miete	kira
Müll	çöp
Mülltrennung	çöplerin ayrılması
Nebenkosten	yan masraflar
Schlafcouch	sedir
Schlafzimmer	yatak odası
Schlüssel	anahtar
Schlüsselübergabe	anahtar teslimi
Strom	cereyan
vermieten	kiraya vermek
Wohnzimmer	oturma salonu

tabak

bardak/bardaklar

fincan/fincanlar

yumurtalık

çatal

kaşık

bıçak

kahve kaşığı

karıştırma kaşığı

spatula

kepçe

çırpma teli

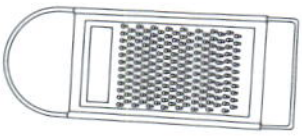
rende

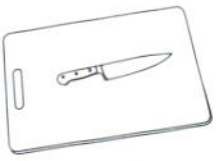
kesme tahtası

süzgeç

blender

tencere

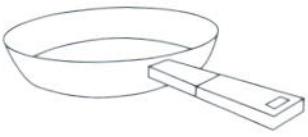
tava

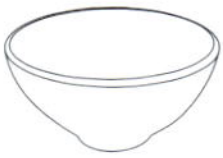
kase/kaseler

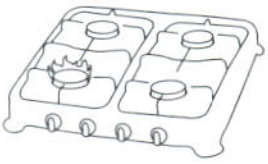
gaz ocağı

fırın

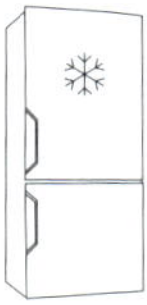
buzdolabı

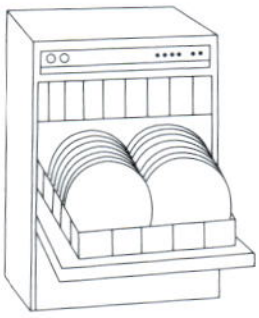
bulaşık makinesi

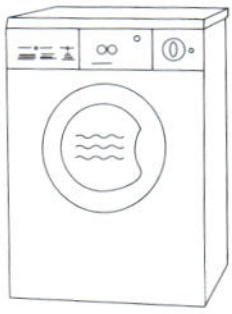
çamaşır makinası

su ısıtıcı

kahve makinası

kahve filtresi

ekmek kızartma makinası

elektrikli süpürge

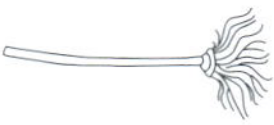
mop yer bezi

ütü

çamaşır ipi

süpürge

faraş

temizlik maddesi

kova

... AUF DEM CAMPINGPLATZ

Haben Sie noch Platz für einen Wohnwagen/ ein Zelt?	Karavan/Çadır için bir yeriniz daha var mı?
Wie hoch ist die Gebühr pro Tag und Person?	Günlüğü kişi başına ne kadar?
Wie hoch ist die Gebühr für ...	... ücreti ne kadar?
das Auto?	Araba
den Wohnwagen?	Karavan
das Wohnmobil?	Motokaravan
das Zelt?	Çadır
Wir bleiben ... Tage/ Wochen.	... gün/hafta kalacağız.
Gibt es hier ein Lebensmittelgeschäft?	Burada bir bakkal var mı?
Wo sind ...	... nerede?
die Toiletten?	Tuvaletler
die Waschräume?	Yıkanma odaları
die Duschen?	Duşlar
Gibt es hier Stromanschluss?	Burada cereyan var mı?

Benutzungsgebühr	kullanma ücreti
Brennspiritus	ispirto
Camping	kamping
Campingplatz	kamp alanı
Dosenöffner	konserve açacağı
Essbesteck	çatal bıcak
Flaschenöffner	şişe açacağı
Gasflasche	gaz tüpü
Gaskocher	gaz ocağı
Geschirrspülbecken	mutfak lavabosu
Grill	ızgara
Grillanzünder	ızgara kavı
Grillkohle	odun kömürü
Hammer	çekiç
Hering	çadır kazığı
Kerzen	mum
Kocher	ocak
Korkenzieher	tirbuşon
leihen	ödünç almak, (gegen Gebühr) kiralamak

Leihgebühr	kira bedeli
Petroleum	petrol
Petroleumlampe	gazyağı lambası
Schlafsack	uyku tulumu
Spaten	kürek
Spielplatz	çocuk bahçesi
Steckdose	priz
Stecker	fiş
Strom	cereyan
Stromanschluss	elektrik bağlantası
Taschenlampe	el feneri
Taschenmesser	çakı
Trinkwasser	içme suyu
Voranmeldung	önceden haber verme, ön kayıt
Wasser	su
Wohnmobil	motokaravan
Wohnwagen	karavan
Zelt	çadır
Zeltstange	çadır direği

... IN DER JUGENDHERBERGE

Wo kann ich ... ausleihen?	Nereden ... ödünç alabilirim?
Die Eingangstür wird um 24 Uhr abgeschlossen.	Dış kapı saat geceyarısı saat on birde kapanıyor.

Bettwäsche	yatak takımı
Internet	internet
Jugendherberge	gençlik hosteli
Jugendherbergsausweis	uluslararası hostel kartı
Küche	mutfak
Mitgliedskarte	üye kartı
Schlafsaal	yatak salonu
Schlafsack	uyku tulumu
Waschraum	banyo, lavabo

> WAS UNTERNEHMEN WIR?

Ob authentischer Kochkurs, aufregender Trekkingausflug oder großer Theaterabend: Lassen Sie sich von den nächsten Seiten helfen, jede Menge Urlaubsabenteuer zu erleben.

AUSKUNFT

Ich möchte einen Stadtplan von ... haben.	Bir … haritası istiyorum.
Welche Sehenswürdigkeiten gibt es hier?	Burada hangi görülecek yerler var?
Gibt es Stadtrundfahrten?	Şehir turları var mı?
Was kostet die Rundfahrt?	Tur kaça?

VOLLES PROGRAMM

SEHENSWÜRDIGKEITEN/MUSEEN

Wann ist das Museum geöffnet?	Müze ne zaman açık?
Wann beginnt die Führung?	Dolaştırma ne zaman başlıyor?
Gibt es auch eine Führung auf Deutsch/Englisch?	Almanca/İngilizce rehberli turlar var mı?
Ist das ...?	Bu … mi?/mı?/mu?/mü?

Altar	Hıristiyan kiliselerindeki masa, sunak
Altstadt	eski şehir
Architektur	mimari
Audioguide	elektronik rehber
Ausgrabungen	hafriyat, kazı
Aussichtspunkt	manzaralı yer
Ausstellung	sergi
Besichtigung	ziyaret, gezme görme
Basar	çarşı, pazar
Bild	resim
Bildhauer	heykeltraş
Burg	kale
byzantinisch	Bizans
Denkmal	anıt, heykel
Festung	kale, hisar
Fremdenführer	turist rehberi
Friedhof	mezarlık
Führung	rehberli tur
Galerie	galeri
Gebäude	bina
Gemälde	tablo, resim
Kaiser/in	imparator/imparatoriçe
Kapelle	küçük kilise
Kathedrale	katedral, büyük kilise
Kirche	kilise
König/in	kral/kraliçe
Malerei	ressamlık, resim sanatı
Maler/in	ressam
moslemisch	Müslüman
Museum	müze
osmanisch	Osmanlı
Plastik	yontu
Platz	meydan
Rathaus	belediye dairesi
Religion	din
restaurieren	restore etmek, onarmak
Ruine	harabe
Schloss	şato
Sehenswürdigkeiten	görülmeye değer yerler
Stadtrundfahrt	şehir turu
Sultan	sultan, padişah
Teppich	halı
Turm	kule
Zeichnung	çizim, resim

AUSFLÜGE

Wann treffen wir uns?	Ne zaman buluşalım?
Wo fahren wir los?	Nereden yola çıkıyoruz?
Kommen wir am/an ... vorbei?	...-den/-dan geçecek miyiz?
Besichtigen wir auch ...?	…-(y)i/-(y)ı/-(y)ü/-(y)u de/da gezecek miyiz?
Wann fahren wir zurück?	Ne zaman döneceğiz?

Ausflug	gezi
Aussicht	manzara
Aussichtspunkt	manzaralı yer
Berg	dağ
Botanischer Garten	botanik bahçesi
Fischerhafen	balıkçı limanı
Fischerort	balıkçı köyü
Fluss	ırmak
Freizeitpark	eğlence parkı
Gebirge	sıradağ, dağlar
Geländewagen	arazi araba
Gipfel	zirve, doruk
Grotte	mağara
Höhle	mağara
Insel	ada
Landesinnere	ülke içi
Landschaft	manzara, doğa
Leuchtturm	fener kulesi
Markt	pazar
Markthalle	hal
Meer	deniz
Naturschutzgebiet	doğal koruma alanı
Pilgerstätte	ziyaretgah, ziyaret yeri
Pass	dağ gecidi
Plantagen	plantasyonlar
Rundfahrt	tur
Schlucht	boğaz
See	göl; (Meer) deniz
Tagesausflug	günlük gezi
Tal	vadi
Tropfsteinhöhle	damlataş mağarası
Vogelschutzgebiet	kuş cenneti
Vulkan	yanardağ
Wald	orman
Wasserfall	şelale

Wallfahrtsort	ziyaret yeri, ziyaretgah
Wildpark	vahşi hayvanlar parkı
Zoo	hayvanat bahçesi

AM ABEND

KNEIPE/BAR/CLUB | MEYHANE/BAR/KLÜP

Was ist dieses Wochenende/heute Abend los?	Bu hafta sonu/Bu akşam ne oluyor?
Was kann man hier abends unternehmen?	Burada akşamları nereye gidilebilir?
Gibt es hier eine gemütliche Kneipe?	Burada rahat bir meyhane var mı?
Wo kann man hier tanzen gehen?	Burada bir diskotek var mı?
Welche Musikrichtung wird hier gespielt?	Burada ne tür müzik çalınıyor?
Ein Bier, bitte.	Bir bira, lütfen.
Diese Runde übernehme ich.	Bu içkiler benden.
Wollen wir tanzen?	Dans edelim mi?

ausgehen	gezmeğe gitmek, dışarıya çıkmak
Band	müzik grubu
Bar/Club/Diskothek	bar/klüp/diskotek
Folklore	folklor
Kneipe	meyhane
Livemusik	canlı müzik
Schwulen-/Lesbenszene	gay/lezbiyen ortamı
tanzen	dans etmek
Türsteher	kapıdaki görevli

THEATER/KONZERT/KINO | TİYATRO/KONSER/SİNEMA

Haben Sie einen Veranstaltungskalender für diese Woche?	Sizde bu haftanın etkinlik programı var mı?
Welches Stück wird heute Abend im Theater gespielt?	Bu akşam tiyatroda hangi oyun var?
Können Sie mir ein gutes Theaterstück empfehlen?	Bana iyi bir tiyatro oyunu tavsiye edebilir misiniz?

VOLLES PROGRAMM

Wann beginnt die Vorstellung?	Gösteri ne zaman başlıyor?
Wo bekommt man Karten?	Biletler nereden alınıyor?
Bitte zwei Karten für heute Abend.	Bu akşam için iki bilet, lütfen.
Bitte zwei Plätze zu ... Lira.	… liralık iki yer, lütfen.
Kann ich bitte ein Programm haben?	Bir program dergisi alabilir miyim?
Wo ist die Garderobe?	Vestiyer/Gardrop nerede?
Ballett	bale
Eintrittskarte	giriş kartı, bilet

WIE DIE EINHEIMISCHEN

Insider Tipps

Auf keinen Fall

Das Fotografieren ist in Museen oder Moscheen nicht ohne Weiteres erlaubt. Fragen Sie daher vorher den Moscheediener bzw. einen Museumsangestellten. In manchen Museen ist das Fotografieren gegen eine Gebühr erlaubt.
Nicht nur gläubige Moslems, auch Touristen müssen vor dem Betreten einer Moschee die Schuhe ausziehen. Völlig fehl am Platz sind nackte Schultern, Shorts und kurze Röcke; Frauen sollten sich darüber hinaus den Kopf bedecken.

High life

Donnerstag, Freitag und Samstag ist Highlife angesagt. In Bars und Diskotheken finden am Wochenende meistens Konzerte türkischer Popsänger statt. Der Eintritt variiert je nach Popularität zwischen 20 und 50 €. Viele Bars bieten natürlich auch Livemusik an, ohne Eintritt zu verlangen.

Für Nachtschwärmer

Zum Symbol des Nachtlebens ist das Städtchen Bodrum geworden. Einst ein Geheimtipp unter Künstlern und Aussteigern, ist es heute überfüllt mit Teens und Twens, die sich tagsüber unter der Sonne ausschlafen, um für die Nacht wieder fit zu sein. Schließlich wartet eine der größten Diskos der Welt, das **Halikarnas**, auf ihre Gäste.

Damenwahl

Bei einigen Diskotheken steht am Eingang **Damsız girilmez**, d. h. kein Einlass ohne weibliche Begleitung. Man sollte sich mit den Türstehern auf keine Diskussionen einlassen.

Festival	festival
Film	film
Kasse	gişe
Kino	sinema
Konzert	konser
Musical	müzikal
Oper	opera
Premiere	prömiyer
Programm	program
Programmheft	program dergisi
Prozession/Umzug	dinsel tören alayı/geçit töreni
Schauspiel	piyes, oyun
Theater	tiyatro
Veranstaltungskalender	etkinlik programı
Vorstellung	seans, gösteri
Vorverkauf	önsatış

FESTE/VERANSTALTUNGEN | BAYRAMLAR/ETKINLIKLER

Könnten Sie mir bitte sagen, wann das ...-Festival stattfindet?	Bana söyleyebilir misiniz, … festivali ne zaman olacak?
vom … bis …	...-den/-dan ...-(y)e/-(y)a kadar
jedes Jahr im August	her sene ağustosta
alle 2 Jahre	iki senede bir

Fest	şenlik
Festival	festival
Feuerwerk	havai fişek gösterisi
Flohmarkt	bitpazarı
Jahrmarkt	panayır
Kirmes	kermes
Opferfest	Kurban Bayramı
Ramadanfest	Ramazan Bayramı
Ringwettkämpfe (traditionell türkisch)	yağlı güreşler
Umzug	geçit töreni
Zirkus	sirk
Zuckerfest	şeker bayramı

VOLLES PROGRAMM

STRAND UND SPORT

AM STRAND | PLAJDA

Ist die Strömung stark?	Akıntı çok mu fazla?
Ist es für Kinder gefährlich?	Çocuklar için tehlikeli mi?
Wann ist Ebbe/Flut?	Cezir/Met ne zaman?

Bademeister	(Schwimmbad) havuz sorumlusu, (Strand) plaj sorumlusu
Badestrand	plaj
Dusche	duş
FKK-Strand	çıplaklar plajı
Freibad	açık yüzme havuzu

WIE DIE EINHEIMISCHEN

Insider Tipps

„Plaj"

Öffentliche Badestrände mit Personal erkennt man an den Schildern mit der Aufschrift **„Plaj"**. Für wenig Geld werden auch Schirm und Liegestuhl zur Verfügung gestellt.

FKK

FKK gilt nicht nur als extrem schlechtes Benehmen, es ist auch verboten! Auch wenn einige Touristen dieses Verbot umgehen – werden sie erwischt, wird es teuer. Selbst in einem türkischen Bad, das ausschließlich Frauen vorbehalten ist, werden diese sich niemals völlig nackt zeigen. An Badestränden und Pools großer Touristikhotels ist „oben ohne" nichts Besonderes mehr, wird aber dennoch nicht gern gesehen und ist an öffentlichen Stränden verpönt.
Selbst bei Kindern gilt es, bestimmte Tabus zu beachten. So sollte man zum Beispiel beim Wickeln in der Öffentlichkeit oder auch beim Herumtoben am Strand unbedingt darauf achten, dass insbesondere Mädchen nie völlig nackt sind.

Viechereien

Hunde frei laufen lassen sollte man auf keinen Fall, sie gelten als unreine Tiere. Schon der Eintritt in Wohnungen bleibt ihnen oft verwehrt, und auch am Strand kann es zu Problemen kommen, wenn sie sich im gleichen kühlen Nass tummeln wie die Menschen.

Hallenbad	kapalı yüzme havuzu
Kiosk	büfe
Nichtschwimmer	yüzme bilmeyen
Qualle	deniz anası
schwimmen	yüzmek
Schwimmer/in	yüzücü
Sonnenschirm	güneşlik, şemsiye
Strömung	akıntı

AKTIVURLAUB/SPORT | AKTİF TATİL/SPOR

Welche Sportmöglichkeiten gibt es hier?	Burada hangi sporları yapmak mümkün?
Gibt es hier ein/eine ...	Burada bir … var mı?
Wo kann ich ... ausleihen?	Nereden … kiralayabilirim?
Entschuldigen Sie bitte, gibt es hier ein ...	Affedersiniz, burada … var mı?
Kann ich mitspielen?	Ben de oynayabilir miyim?
Ich möchte einen ...-Kurs für Anfänger/Fortgeschrittene machen.	Yeni başlayanlar için/İlerlemişler için bir ... kursu yapmak istiyorum.

Eintrittskarte	giriş kartı, bilet
Ergebnis	sonuç
gewinnen	kazanmak
Kasse	kasa
Kurs	kurs
Mannschaft	takım, ekip
Niederlage	yenilgi
Rennen	yarış, koşma
Schiedsrichter	hakem
Sieg	zafer, yengi
Spiel	oyun
Umkleidekabinen	kabinler
unentschieden	berabere
verlieren	yenilmek
Wettkampf	yarışma

WASSERSPORT SU SPORU

Bootsverleih	kayık kiralama
Canyoning	kanyon geçişi
Freibad	açık hava yüzme havuzu
Kanu	kano

Motorboot	deniz motoru
Regatta	yelken yarışı
Rückholservice	geri getirme hizmeti
Ruderboot	kayık
Schlauchboot	lâstik bot
Segelboot	yelkenli (kayık)
Segeln	yelkenle gitmek, yelkencilik
Segelschule	yelken okulu
Segeltörn	yelkenli gezisi
Surfbrett	sörf tahtası
Surfen	sörf yapmak
Surfschule	sörf okulu
Tretboot	pedallı sandal
Wasserski	su kayağı
Windsurfen/windsurfen	rüzgar sörfü/rüzgar sörfü yapmak

TAUCHEN DALIŞ SPORU

Gerätetauchen	tüple dalma
Harpune	zıpkın
Neoprenanzug	neopren elbise
Sauerstoffgerät	nefes alma cihazı
schnorcheln	şnorkelle dalmak
Schwimmflossen	paletler
Taucherausrüstung	dalgıç takımı
Taucherbrille	dalgıç gözlüğü
Tauchschule	dalgıç okulu

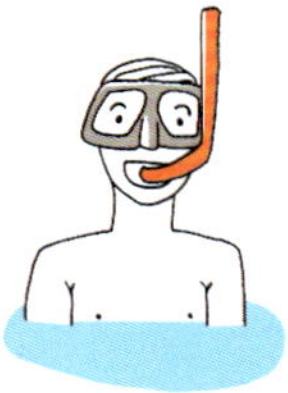

ANGELN OLTACILIK

Wo kann man hier angeln? Burada nerede balık avlanabilir?

Angel	olta
angeln	(olta ile) balık avlamak
Angelschein	amatör balıkçılık belgesi
Hochseefischen	açık deniz balıkçılığı
Köder	yem
Schonzeiten	balık avlama yasağı

BALLSPIELE TOP OYUNLARI

Ball	top
Basketball	basketbol
Fußball	futbol
Fußballmannschaft	futbol takımı
Fußballplatz	futbol sahası
Fußballspiel	futbol maçı

Handball	eltopu, hentbol
Netz	ağ
Tor	kale
Torwart	kaleci
Volleyball	voleybol

TENNIS UND ÄHNLICHES TENİS VE BENZERİ

Badminton	badminton
Doppel	çift
Einzel	tek
Schläger	raket
Squash	skvoş
Tennis	tenis
Tennishalle	tenis salonu
Tennisplatz	tenis sahası
Tennisschläger	tenis raketi
Tischtennis	ping-pong, masa tenisi

FITNESS- UND KRAFTTRAINING FİTNESS VE KUVVET ANTRENMANI

Aerobic	aerobic
Fitnesscenter	fitness salonu
joggen	jogging yapmak
Konditionstraining	kondisyon çalışması
Yoga/Pilates	yoga/pilates

WIE DIE EINHEIMISCHEN

Insider Tipps

Schwitzkur

Ein Bad im **Hamam**, dem traditionellen türkischen Bad, ist ein echtes Erlebnis – es gehört unbedingt zu einem Türkeiurlaub. Männer und Frauen baden getrennt, es gibt Hamams für Männer und solche für Frauen. Oder es gibt für beide Geschlechter unterschiedliche Öffnungszeiten. Übrigens zeigt man sich im Hamam niemals nackt, sondern hält sich stets mit einem Handtuch bedeckt.

Abenteuer

Wer hoch hinauf möchte, kann in den Bergen, die sich über die ganze Türkei erstrecken, Trekking, Rafting, Canyoning, Paragliding und Skifahren betreiben.

> www.marcopolo.de/tuerkisch

VOLLES PROGRAMM

WELLNESS VELNES

Akupressur	**akupresör**
Aromatherapie	**aromaterapi**
Bäder	**spa banyoları**
Beautybehandlung	**güzellik tedavisi**
Dampfbad	(türkisches) hamam
Diätkost	**diyet yemeği**
Hamam	**hamam**
Maniküre/Pediküre	**manikür/pedikür**
Massage	masaj
Peeling	**peeling**
Sauna	sauna
Solarium	solaryum
Whirlpool	jakuzi

RADFAHREN BİSİKLETÇİLİK

E-Bike	**elektrikli bisiklet**
Fahrrad	bisiklet
Fahrradhelm	bisiklet kaskı
Fahrradweg	bisiklet yolu
Flickzeug	yama takımı
Luftpumpe	pompa
Mountainbike	dağ bisikleti
Rad fahren	bisiklete binmek
Radtour	bisiklet turu
Rennrad	yarış bisikleti
Schlauch	iç lastik
Trekkingrad	tur bisikleti

WANDERN UND BERGSTEIGEN YÜRÜYÜŞÇÜLÜK VE DAĞCILIK

Ich möchte eine Bergtour machen.	Ben bir dağ turu yapmak istiyorum.
Können Sie mir eine interessante Route auf der Karte zeigen?	Haritada bana ilginç bir rota çizebilir misiniz?

Bergführer	dağ rehberi
Bergsteigen	dağcılık
Fernwanderweg	uzun mesafe yürüyüş yolu
Freeclimbing	serbest tırmanış
Route	rota
Schutzhütte	kulübe
Seilbahn	teleferik
Sicherungsseil	güvenlik halatı

Tagestour	günlük tur
Trekking	doğa yürüyüşü
Wandern	yürümek, yürüyüşçülük
Wanderweg	yürüyüş yolu

REITEN BİNİCİLİK

Ausritt	atla gezinti
Pferd	at
Reiterferien	binicilik tatili
Reitschule	binicilik okulu

GOLF GOLF

18-Loch-Platz	on sekiz delikli golf sahası
abschlagen	vuruş yapmak
Golfclub	golf klübü
Golfschläger	golf sopası
Greenfee	alan ücreti
Parcours	parkur
Übungsplatz	eğitim sahası

IN DER LUFT HAVADA

Drachenfliegen	delta kanatla uçmak
Fallschirmspringen	paraşütle atlamak
Gleitschirm	yamaç paraşütü
Heißluftballon	sıcak hava balonu
Schleppschirm (am Strand)	parasailing
Paragliding	yamaç paraşütüyle uçmak
Segelfliegen	planörle uçmak, planörcülük

WINTERURLAUB KIŞ TATİLİ

Eine Tageskarte, bitte.	Bir günlük bilet lütfen.
Um wie viel Uhr ist die letzte Bergfahrt/Talfahrt?	Dağa çıkan/Dağdan inen son teleferik saat kaçta?

Bergstation	dağ istasyonu
Eisbahn	buz pisti
Eishockey	buz hokeyi
Eislauf	patinaj
Gondel	teleferik kabini
Langlauf	kayak yürüyüşü
Lift	teleski
Loipe	kayak parkuru/yolu
Schlitten	kızak
Schlittschuhe	buz pateni

VOLLES PROGRAMM

schlittschuhlaufen	buz pateni yapmak
Sessellift	telesiyej
Ski	kayak
skilaufen	kayak yapma
Skibindung	bağlama
Skibrille	kayak gözlüğü
Skikurs	kayak kursu
Skilehrer/in	kayak hocası
Skistiefel	kayak ayakkabısı
Skistöcke	kayak sopaları
Snowboard	snowboard
Schnee	kar
Tagespass	günlük bilet
Talstation	ova istasyonu
Wochenpass	haftalık bilet

KURSE

Ich möchte ... belegen.	Bir Türkçe kursuna
einen Türkischkurs	... katılmak istiyorum.
für Anfänger	Yeni başlayanlar için
für Fortgeschrittene	İlerlemiş olanlar için
Sind Vorkenntnisse erforderlich?	Ön bilgiler gerekli mi?
Sind die Materialkosten inklusive?	Malzeme ücreti dahil mi?
Was ist mitzubringen?	Ne getirmek gerekiyor?

Aquarellmalen	sulu boya resim yapmak
Bauchtanz	göbek dansı
Fotografieren	fotoğraf çekmek
Goldschmieden	kuyumculuk
Kochen	yemek pişirmek
Kurs	kurs
Malen	resim yapmak
Ölmalerei	yağlı boyama
Seidenmalerei	ipek boyama
Sprachkurs	dil kursu
Tanztheater	dans tiyatrosu
Trommeln	davul çalmak
Volkstanz	halk oyunu
Workshop	seminer

auf jdn lange warten müssen

(wörtl. grün/
zum Baum werden)

yeşermek/ağaç olmak

> MEHR ALS NUR SPRACHE

Wenn das Wörterbuch schlappmacht und Sie nur noch Bahnhof verstehen, dann handelt es sich um einen klaren Fall von: Achtung! Slang

WERDEN SIE ZUM INSIDER

Wer kennt Sie nicht, diese Situation: Sie haben in einem fremdsprachigen Land Kontakt gefunden und lauschen angeregt den Gesprächen Ihrer neuen Freunde – und da sind sie, diese mysteriösen Worte, die bei Ihnen nur ein großes Fragezeichen hinterlassen. Denn es gibt jene Vokabeln und Wendungen, die im Wörterbuch stehen, und dann gibt es jene, die auf der Straße gesprochen werden. Aber keine Panik, auf den nächsten Seiten sind Sie mittendrin in der Sprache der Insider, wie sie im Café, in den Clubs und Bars, Shops, Hotels und Hostels, beim Smalltalk in Bus und Bahn und auf den lebendigen Plätzen der Dörfer, Städte und Metropolen gesprochen wird. Und damit auch Sie zum Insider wer-

> S. 127

ACHTUNG! SLANG

Insider Tipps

den, haben wir sie für Sie aufgespürt: die authentischen, die wichtigsten und witzigsten Slangausdrücke. Dabei gibt es jedoch Formulierungen, die Sie besser meiden sollten, denn: Manchmal ist Schweigen wirklich Gold. Auch zu beachten: Oft ist Umgangssprache lokal geprägt und die Aussprache kann von Region zu Region variieren. Aber mit ein wenig Geduld kann man sich auch in diese verschiedenen Dialekte einhören.

Wir wünschen Ihnen viel Spaß beim Lesen und beim Erweitern Ihres Wortschatzes!

ALLTAG

BEGRÜSSUNG UND CO.

Selam!	Grüß dich!
Selam millet!	Hi, Leute!
Naber lan?	Na, wie geht's?
Yüzünü gören cennetlik!	Lange nicht gesehen! (wörtl. Der dich sieht, kommt ins Paradies.)
Selamsızdan mı geliyorsun?	Warum grüßt du nicht?
Ben tüyüyorum.	Ich muss los.
Ben kaçıyorum/ben kaçtım.	Ich hau ab.
Hadi gittim.	Ich bin weg.
Hadi yok oldum.	Ich bin schon weg.
... hadi eyvallah.	… und tschüss.

ANTWORTEN

herıld yani/olur	klar/geht klar
okey	okay
valla	wirklich
keyfin bilir	wie du meinst
yok ya	glaube ich nicht
atıyorsun	du übertreibst
ıh-ıh/cık	nö/nein
nah	wird nicht gehen/klappen
bana ne/havagazı rumba	mir egal/schnurzpiepegal

AUFFORDERUNGEN

Haydi!	Los!
Haydi bastır!	Mach weiter so!
Bana bak!	Hör mal!
Hop dedik!	Stopp mal!
Boş ver!	Nimm's nicht so wichtig!
Hadi lan!	Übertreib mal nicht!
Sakın ha!	Bloß nicht!
Kes lan!	Halt die Klappe!
Defol!/Bas git!	Hau ab!/Zieh Leine!
Çek arabanı!	Mach, dass du verschwindest! (wörtl. Zieh den Wagen weg!)*

ACHTUNG! SLANG

IM GESPRÄCH

Ne iş?	Worum geht's?
Harbi öyle mi?	Stimmt das wirklich?
A a!	Das gibt's doch nicht!
Kel alaka.	Das hat nichts damit zu tun.
Siktir et!	Das geht dich nichts an!
Yuh!	Schande über dich!

UNTER FREUNDEN ...

volta atmak	flanieren
cümbür cemaat gitmek	gemeinsam (irgend wohin) gehen
çene çalmak	quatschen (wörtl. das Kinn klauen)
kaynatmak	tratschen (wörtl. kochen)
birine mesaj çekmek	jdm simsen
biryerlere takılmak	abhängen
keyif çatmak	sich vergnügen
film çevirmek	sich amüsieren (wörtl. einen Film drehen)
geyik muhabbeti	Schwachsinn erzählen (wörtl. Hirschgeschwätz)
yeşermek/ağaç olmak	auf jdn lange warten müssen (wörtl. grün/zum Baum werden)
yan çizmek	ein Versprechen nicht halten
bozuşmak	sich mit jdm verkrachen

DAS GEFÄLLT ...

dört köşe olmak	sich sehr freuen (wörtl. viereckig werden)
keyfi gıcır olmak	sehr gut drauf sein
pişmiş kelle gibi sırıtmak	grinsen wie ein Honigkuchenpferd (wörtl. wie ein gekochter Kopf)

kaymak gibi	das Allerbeste (wörtl. wie Sahne)
o biçim	sehr cool/scharf
fevkalade	klasse
müthiş	großartig
bomba gibi	bombastisch
dumur olmak	sehr erstaunt sein

... UND DAS NERVT

tıraş	Quatsch (wörtl. Rasur)
davul tozu	Schwachsinn (wörtl. Trommelstaub)
mantar atmak	lügen (wörtl. mit Pilzen werfen)
gıcık kapmak	genervt sein
su kaçırmak/kafa ütülemek	jdm gewaltig auf den Geist gehen (wörtl. den Kopf bügeln)*
tiye almak	jdn verarschen
katakulli	Reinfall
ayvayı yemek	in Schwierigkeiten stecken (wörtl. die Quitte essen)
çarkına etmek	jdm etwas Böses antun
boktan	beschissen
şapa oturmak	in einer beschissenen Situation sein
madara etmek	jdn in eine beschissene Situation bringen

SCHLECHT DRAUF?

haşatı çıkmak	fix und fertig sein
biraz kestirmek	ein Nickerchen halten (wörtl. ein wenig abschneiden lassen)
zıbarmak	sich aufs Ohr hauen
kıl olmak	total genervt sein
sigortası atmak	die Nerven verlieren (wörtl. Sicherung durchbrennen)
fıttırmak	ausrasten
hali duman olmak	am Boden zerstört sein
faka basmak	reingelegt werden (wörtl. in die Falle gehen)
boku yemek	im Schlamassel stecken
üç buçuk atmak	Bammel haben
akı bokuna karışmak	sich vor Angst in die Hose machen
kafayı yemek	durchdrehen/verrückt werden (wörtl. den Kopf essen)

ACHTUNG! SLANG

ESSEN

kayıntı geçmek/kayıntı	essen/das Essen
Midem kazınıyor.	Mir knurrt der Magen.
Kurt gibi acıktım.	Ich hab einen Bärenhunger (wörtl. Ich bin hungrig wie ein Wolf.)
Açlıktan karnım zil çalıyor.	Ich habe Kohldampf. (wörtl. Ich bin so hungrig, dass mein Magen klingelt.)
parmaklarını yemek	sich die Finger nach etwas lecken
ağzının suyu akmak/ağzı sulanmak	das Wasser läuft einem im Mund zusammen
birşeyler atıştırmak	zwischendurch eine Kleinigkeit essen
ağzına layık	das Essen schmeckt super
ağzının tadını bilmek	ein Leckermaul sein
tıkınmak	viel essen/verschlingen
zıkkımlanmak	sich vollfressen
abur cubur yemek	wahllos hinunterschlingen
resto	Restaurant
egzoz	weiße Bohnen (wörtl. Abgas)
sulu zırtlak	Zitrone
cambul cumbul	das Essen (z. B. Eintopf) ist zu wässrig

AUSGEHEN

DRINKS

mazot	alkoholische Getränke
arpa suyu	Bier (wörtl. Gerstensaft)
dem/köpeköldüren	Fusel (wörtl. Hundetöter)
aslan sütü	Raki (wörtl. Löwenmilch)
imam suyu	Raki (wörtl. das Wasser des Predigers)
küçük	kleine Flasche Raki (wörtl. die Kleine)
büyük	große Flasche Raki (wörtl. die Große)

IN DER BAR/KNEIPE

papaz uçurmak	einen drauf machen
yıkılmak/yıkılıyor	super Stimmung
tıngırtı/keriz havası	Musik/Bauchtanzmusik
kalça sallamak	die Hüften schwingen
şarkı patlatmak	ein Lied trällern
türkü söylemek	ein Volkslied vorsingen
tıngırdatmak	klimpern
dımbırdatmak	ein Instrument zupfen
kurtları dökmek	die Sau rauslassen (wörtl. Würmer abschütteln)
tıklım tıklım	brechend/gerammelt voll
İğne atsan yere düşmez.	Es ist proppenvoll. (wörtl. Keine Stecknadel kann zu Boden fallen.)
boğuntu yeri	überteuerter Laden
rüküş	aufgedonnert
manita yapmak	auf Brautschau sein
entel barı	Bar, in der viele Intellektuelle verkehren
İn cin top oynuyor.	Voll tote Hose hier. (wörtl. Die Geister spielen Ball.)*
kadeh tokuşturmak	einen heben
çin çin	Prost
iki tek atmak	Alkohol trinken
kafayı çekmek	einen heben gehen (wörtl. den Kopf ziehen)
fon dip yapmak/yuvarlamak	auf Ex trinken/runterkippen
dibini bulmak	sich betrinken/besaufen (wörtl. den Abgrund finden)
sabahı etmek/bulmak	durchgemachte Nacht

SPÄTER ...

çakırkeyif olmak	einen Kleinen sitzen haben
bulut gibi	betrunken/besoffen (wörtl. wie eine Wolke)
dut gibi olmak	betrunken/besoffen sein (wörtl. wie ein Maulbeerbaum sein)
leyla gibi	dicht sein
pilot olmak	sternhagelvoll sein (wörtl. Pilot werden)
zom olmak	hackedicht sein
zil zurna sarhoş olmak	rotzrabenblau sein
küfelik olmak	sturzbetrunken sein
ayıkmak	nüchtern werden

> www.marcopolo.de/tuerkisch

ACHTUNG! SLANG

RAUCHEN

izmarit	Zigarette/Kippe
sarma	selbstgedrehte Zigarette
fırt	einen Zug von der Zigarette ziehen
cura	letzter Zug an einer Zigarette
tüttürmek	qualmen

MANN UND FRAU

LEUTE ANSPRECHEN

arkadaşım	mein Freund/meine Freundin
kardeş/kardeşim	Bruder/Schwester/mein Bruder/ meine Schwester
abi/birader	informelle Anrede für Männer (wörtl. älterer Bruder/Schwager)
abla/yenge	informelle Anrede für Frauen (wörtl. ältere Schwester/Schwägerin)
hocam	Anrede von jungen Leuten untereinander (wörtl. mein Lehrer/der Gelehrte)
usta	formelle Anrede für fremden Mann (wörtl. Meister)
ahbap	formelle Anrede für fremde Personen (wörtl. Freund)
millet	Leute (wörtl. die Nation)

FLIRTEN UND MEHR

naza çekmek	sich demonstrativ abweisend verhalten
kesişmek	sich gegenseitig angucken

yanıp tutuşmak	Feuer und Flamme sein
pas vermek	mit Annährungsversuchen einverstanden sein
abayı yakmak	sich verlieben
çıtır yapmak	sich küssen
aynı yastıkta kocamak	zusammen alt werden
fingirdeşmek	kokettieren
yavşamak	anlabern
asılmak	anbaggern
iskele olmak	heftig anbaggern
sulanmak	jdn in plumper Weise anmachen
yazmak	sich ranmachen (wörtl. schreiben)
kırıştırmak	herumfummeln
oynaşmak	herummachen
düzüşmek	herumpimpern
dikiş	Sex (wörtl. die Naht)
Küpe sıçan düşmek.	schwanger sein (wörtl. Die Ratte fällt in den Tonkrug.)
karnı burnunda	Schwangere (wörtl. der Bauch an der Nase)
üstüne kalmak	heiraten müssen
boynuzlamak	jdm Hörner aufsetzen
palamarı koparmak	sich trennen
inek aşkı	platonische Liebe (wörtl. Liebe der Kuh)

SCHIMPFEN, LÄSTERN, FLUCHEN

STANDARDS

verip veriştirmek	schimpfen
Anasını satayım!	Jetzt reicht es!/Jetzt nehme ich aber auf nichts mehr Rücksicht! (wörtl. Ich verkaufe meine Mutter!)*
Lanet olsun!	Verflucht nochmal!
Allah cezanı versin!	(wörtl. Gott soll dich bestrafen!)
Allah kahretsin!	(wörtl. Gott möge ihn verdammen.)
saydırmak	Beleidigungen aufzählen
ana avrat düz gitmek	jdn beleidigen/fluchen
ağzına geleni söylemek	beleidigende und kränkende Worte aussprechen
kalayı basmak	jdn beschimpfen

ağzına sıçmak	jdn fertig machen
canını yakmak	jdm wehtun wollen

SPINNER UND TROTTEL

şapşal	ungeschickter Typ
angut	Trottel
deli	Spinner
manyak	Verrückter
kafadan çatlak	Durchgedrehter
aptal	dumm
hödük	Dummkopf
alık	strohdoof
öküz	Hornochse
salak	Idiot
mankafa/gerizekalı	Vollidiot

MEHR BELEIDIGUNGEN

kıro	Landei
odun	Holzklotz
maganda/hanzo	Proll
cins	schräger Vogel
kıl	Außenseiter
ukela	Klugscheißer
sinir	Nervensäge

ödlek	Angsthase
kılıbık	Weichei
ibne	Schwuchtel
mahalle karısı	Klatschtante

zilli	Zicke
cadaloz	Hexe/Biest
yalaka	Schleimer/Arschkriecher (wörtl. Trog)
götveren	Arschgeige
onun bunun çocuğu	Bastard
itoğlu it	Hundesohn
dürzü	Schuft
namussuz	Mistkerl (wörtl. ohne Ehre)
puşt	Saukerl

UNAPPETITLICHES

bocurgat yapmak	in der Nase bohren
hap yapmak/köşeli	popeln/Popel (wörtl. eckig)
zarta/carta/zort	einen fahren lassen
telgraf çekmek	furzen
bok yolu	Klo
işemek	pinkeln
kartvizit bırakmak	kacken (wörtl. Visitenkarte hinterlassen)
bulgur çıkarmak/dibi tutmamak	Dünnpfiff haben
böğürtlen çıkarmak	sich übergeben/kotzen (wörtl. die Brombeere rausholen)

GELD

KOHLE

tıngır/tıkır/mangır/dırav	Kohle/Knete/Patte/Moneten
cep astarı/çarık/cukka	Portemonnaie
bozuk para	Kleingeld (wörtl. kaputt gemachtes Geld)
çorba parası	Schmiergeld (wörtl. Suppengeld)

HABEN ODER NICHT

banka/yağlı olmak	stinkreich sein (wörtl. die Bank/fettig sein)
bok gibi parası olmak	Geld wie Heu (wörtl. wie Scheiße) haben
para babası	reicher Typ/Sack (wörtl. Groschenpate)
köşeyi dönmek	viel Geld/ein Schweinegeld verdienen (wörtl. um die Ecke biegen)

ACHTUNG! SLANG

para kırmak	Geld scheffeln (wörtl. Geld brechen)
eli sıkı	knauserig sein
pinti	geizig sein
varyemez/demir hindi/küflü/mıh sıçtı	Geizhals
meteliğe kurşun atmak	knapp bei Kasse sein
Paralar suyunu çekti.	Das Geld ist alle.
ayaz kalmak/yolsuz	kein Geld haben
tıngır/tın tın	mittellos

KOSTEN ODER NICHT

cereme	der Preis
kazık marka	überhöhter Preis
ateş pahası	sauteuer
tuzlu	zu teuer (wörtl. gesalzen)
astarı yüzünden pahalı olmak	Die Brühe kostet mehr als der Braten. (wörtl. wegen des Futter(stoffs) teuer sein)
kilometre koymak	die Herstellungskosten übertreiben (wörtl. Kilometer setzen)
düşeş	Schnäppchen (wörtl. die Herzogin)
aşağı kurtarmaz	Das deckt gerade mal die Kosten.
yok pahasına gitmek	'nen Appel und 'n Ei kosten
beleş	umsonst

AUSGEBEN UND EINNEHMEN

para dökmek	viel Geld ausgeben (wörtl. Geld gießen)*
para yağdırmak	mit Geld um sich werfen (wörtl. Geld regnen lassen)
paraları eritmek	Geld durchbringen (wörtl. Geld schmelzen lassen)

*

para yemek	Geld vergeuden (wörtl. Geld essen)*
kazıklamak	jemanden abzocken
ceza kesmek	die Rechnung verlangen (wörtl. Strafe erteilen)
cenazeyi kaldırmak	die Rechnung bezahlen
para bayılmak	bezahlen/blechen müssen
tıkır	bar zahlen

ARBEIT

gıravatlı	Beamter (wörtl. Krawattenträger)
ırgat	Arbeiter
eşek/köpek/it gibi çalışmak	malochen/schuften (wörtl. wie ein Esel/Hund/Köter arbeiten)
didinmek	sich abrackern
işi başından aşmak	in Arbeit versinken
sapır sapır dökülmek	von der Arbeit sehr erschöpft sein
ter dökmek	büffeln (wörtl. Schweiß gießen)
fasafiso iş	Pipifax/Kinderspiel
sinek avlamak	keine Arbeit oder keine Kundschaft haben (wörtl. Fliege jagen)
sepet havası çalmak	jdn entlassen
sıfırı tüketmek	pleite sein

WETTER

cehennem sıcağı	Affenhitze (wörtl. Höllenwärme)
ahmak ıslatan	Es schifft.
Ayaz paşa kol geziyor.	Es ist saukalt draußen!
buz kesmek	sehr frieren (wörtl. Eis schneiden)
kıçı donmak	sich den Po/Arsch abfrieren

*

IMPRESSUM

Titelbild: CORBIS: Douglas Mesney
Fotos: Denis Pernath (S. 6/7, 10/11, 20/21, 52/53, 76/77, 104/105); Manousos Daskalogiannis/IML/laif (S. 36/37); Cortina Hotel, München (S. 66/67)
Illustrationen: Mascha Greune, München
Zeigebilder/Fotos: Lazi&Lazi; Food Collection; Comstock; stockbyte; Fisch-Informationszentrum e.V.; Fotolia/Christian Jung; Fotolia/ExQuisine; photos.com
Bildredaktion: Factor Product, München (S. 6/7, 10/11, 20/21, 36/37, 52/53, 66/67, 76/77, 104/105); red.sign, Stuttgart (S. 41–45)
Zeigebilder/Illustrationen: Factor Product, München; HGV Hanseatische Gesellschaft für Verlagsservice, München (S. 44/45, 54, 56/57, 61, 64, 71, 73)

6., komplett überarbeitete Auflage 2014

Chefredaktion: Marion Zorn, MAIRDUMONT
Konzept und Projektleitung: Carolin Schmid, C.C.SCHMID München

Bearbeitet von: Gregor Vetter, Rödermark
Redaktion: PONS GmbH, Stuttgart; MAIRDUMONT, Ostfildern; Barbara Pflüger, Stuttgart
Satz: Fotosatz Kaufmann, Stuttgart

Kapitel Achtung! Slang:
Redaktion: MAIRDUMONT, Ostfildern; Bintang Buchservice GmbH, Berlin
Autor: Sevinc Pundhöler, Oldenburg

Titelgestaltung: Factor Product, München
Innengestaltung: Zum goldenen Hirschen, Hamburg; red.sign, Stuttgart

> AUF ALLES VORBEREITET

Beim Arzt, bei der Polizei oder auf der Bank: Wenn's knifflig wird oder schnell gehen soll, dann hilft Ihnen dieses praktische Kapitel in jedem (Not-)Fall.

ARZT

AUSKUNFT | DANIŞMA, ENFORMASYON

Können Sie mir einen guten ... empfehlen?	Bana iyi bir … tavsiye edebilir misiniz?
Arzt	doktor
Augenarzt	göz doktoru
Frauenarzt	kadın doktoru

VON A BIS Z

Hals-Nasen-Ohren-Arzt	kulak-boğaz-burun doktoru
Hautarzt	cilt doktoru
Kinderarzt	çocuk doktoru
Zahnarzt	diş doktoru
Wo ist seine Praxis?	Muayenehanesi nerede?

Apotheke: Seite 55, 58

BEIM ARZT | DOKTORDA

Was für Beschwerden haben Sie?	Ne gibi şikayetleriniz var?
Ich habe mich verletzt.	Yaralandım.
Ich bin stark erkältet.	Fena üşüttüm.
Ich habe Kopfschmerzen.	Benim başım ağrıyor.
Ich habe Halsschmerzen.	Benim boğazım ağrıyor.
Ich habe Husten.	Benim öksürüğüm var.
Ich bin allergisch gegen ...	Benim … karşı alerjim var.
Antibiotika.	antibiyotiğe
Bienen.	arıya
Pollen.	polene
Ich bin gegen ... geimpft.	Ben … aşısı oldum.
Hepatitis A/B/A und B	hepatit A/B/A ve B
Tetanus	tetanos
Typhus	tifüs
Wie oft muss ich es einnehmen?	İlacı kaç defa almam lazım?
Ich bin ...	Ben …
Diabetiker.	şeker hastasıyım.
Epileptiker.	epilepsi hastasıyım.
Wo tut es weh?	Neresi acıyor?
Ich habe hier Schmerzen.	Buram ağrıyor.
Es ist nichts Ernstes.	Ciddi bir şey değil.
Können Sie mir bitte etwas (gegen ...) geben?	Bana (… için) bir ilaç verir misiniz, lütfen?

BEIM ZAHNARZT | DİŞÇİDE

Ich habe (starke) Zahnschmerzen.	Dişim (şiddetli) ağrıyor.
Dieser Zahn (oben/unten/vorn/hinten) tut weh.	Bu (yukardaki/aşağıdaki/öndeki/arkadaki) diş ağrıyor.
Ich habe eine Füllung verloren.	Bir dolgum düştü.
Mir ist ein Zahn abgebrochen.	Bir dişim kırıldı.
Ich behandle ihn nur provisorisch.	Onu yalnız geçici olarak tedavi ediyorum.
Geben Sie mir bitte eine Spritze.	Bana iğne yapın, lütfen.
Geben Sie mir bitte keine Spritze.	Bana iğne yapmayın, lütfen.

IM KRANKENHAUS | HASTANEDE

Wie lange muss ich hier bleiben?	Burada ne kadar kalmam lazım.
Wann darf ich aufstehen?	Ne zaman ayağa kalkabilirim?
Abszess	çıban, apse
Aids	aids
Allergie	alerji
ansteckend	bulaşıcı, enfeksiyöz
Arm	kol
Asthma	astım
Atembeschwerden	nefes darlığı
atmen	nefes almak
Auge	göz
Ausschlag	egzantem
Bänderriss	lif kopması
Bauch	karın
Bein	bacak
bewusstlos	baygın
Blähungen	gaz şişkinliği
Blase	idrar torbası
Blinddarm	körbarsak, apandis
Blut	kan
Blutdruck (hoher/niedriger)	(yüksek/düşük) tansiyon
bluten	kanamak, kan gelmek
Blutvergiftung	kan zehirlenmesi
Borreliose	laym hastalığı
Bronchitis	bronşit
Bruch	(Knochen-) kırık, (Eingeweide-) fıtık
Brust	göğüs
Bypass	bypass
Chirurg/in	cerrah, operatör
Darm	barsak
Diabetes	şeker hastalığı
Durchfall	ishal
Eiter	cerahat, irin
Empfang	resepsiyon
Entzündung	iltihap
erbrechen, sich	kusmak, istifrağ etmek
erkälten, sich	soğuk almak
Facharzt	mütehassıs doktor
Fehlgeburt	çocuk düşürme/düşük

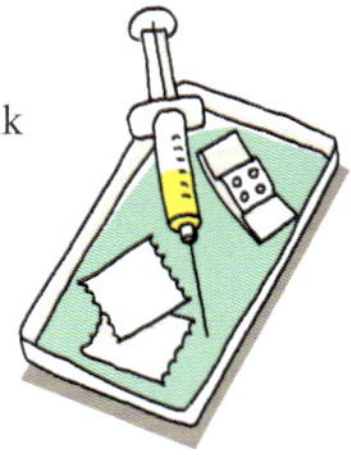

Fieber	ateş
Finger	parmak
Fuß	ayak
Gallenblase	safra kesesi
gebrochen	kırık, kırılmış
Gehirn	beyin
Gehirnerschütterung	beyin sarsılması
Gehirnschlag	beyin sektesi
Gelbsucht	sarılık
Gelenk	eklem
Geschlechtskrankheit	cinsel hastalık
Geschlechtsorgane	cinsiyet organları
geschwollen	şişmiş, kabarmış
Geschwür	ülser
Gesicht	yüz, çehre
Grippe	grip
Hals	boyun, boğaz
Halsschmerzen	boğaz ağrıları
Hand	el
Haut	deri, cilt
Herpes	herpes
Herz	kalp, yürek
Herzanfall	kalp krizi
Herzbeschwerden	kalp rahatsızlığı
Herzfehler	kalp hatası
Herzinfarkt	kalp enfarktüsü, kalp sektesi
Herzschrittmacher	kalp pili
Hexenschuss	lumbago
Hirnhautentzündung	menenjit
HIV-positiv	HIV pozitif
Hüfte	kalça
Husten	öksürük
Impfung	aşı
Infektion	enfeksiyon
Ischias	siyatik
Kinderlähmung	çocuk felci
Knie	diz
Knöchel	ayak bileği kemiği
Knochen	kemik
Knochenbruch	kemik kırılması
Kolik	kolik
Kopf	baş
Kopfschmerzen	baş ağrısı
Krampf	kramp

krank	hasta, rahatsız
Krankenhaus	hastahane
Krankenschein	sağlık karnesi
Krankenschwester	hemşire
Krankheit	hastalık
Krebs	kanser
Kreislaufstörung	kan dolaşımı bozukluğu
Lähmung	felç, inme
Lebensmittelvergiftung	gıda zehirlenmesi
Leber	karaciğer
Leistenbruch	kasık fıtığı
Lippe	dudak
Loch (im Zahn)	delik (dişte)
Lunge	akciğer
Magen	mide
Magenschmerzen	mide ağrıları
Mandeln	bademcik
Masern	kızamık
Menstruation	aybaşı, âdet görme
Migräne	migren, baş ağrısı
Mittelohrentzündung	orta kulak iltihabı
Mumps	kabakulak
Mund	ağız
Muskel	adele
Narbe	yara izi
Narkose	narkoz
Nase	burun
Nerv	sinir
nervös	sinirli
Nierenentzündung	böbrek iltihabı
Nierenstein	böbrek taşı
Ohnmacht	bayılma
Ohr	kulak
Operation	operasyon, ameliyat
Pilzinfektion	mantar enfeksiyonu
Plombe	dolgu
Pocken	çiçek
Praxis	muayenehane
Prellung	yara, bere alma
Prothese	protez
Puls	nabız
Quetschung	ezilme
Rheuma	romatizma
Rippe	kaburga

röntgen	röntgen çekmek
Röteln	kızamıkçık
Rücken	sırt
Rückenschmerzen	sırt ağrısı
Salmonellen	salmonel bakterisi (yararlı barsak bakterisi)
Schädel	kafatası
Scharlach	kızıl
Schienbein	kaval kemiği
Schlaflosigkeit	uykusuzluk
Schlaganfall	inme
Schlüsselbein	köprücük kemiği
Schmerzen	ağrı, (stechende) sancı
Schnittwunde	bıçak yarası, kesik
Schnupfen	nezle
Schulter	omuz
Schüttelfrost	nöbet titremesi
schwanger/Schwangerschaft	**hamile/hamilelik**
Schwellung	şiş, şişme, şişkinlik
Schwindel	baş dönmesi
schwitzen	terlemek
Sonnenstich	güneş çarpması
Speiseröhre	yemek borusu
Sprechstunde	muayene saati
Spritze	iğne
Stich	sokma
Stirnhöhlenentzündung	sinüzit
Stuhlgang	dışarı çıkma, büyük aptes
Tetanus	tetanos
Trommelfell	kulak zarı
Typhus	tifo
Übelkeit	iç bulantısı
Ultraschalluntersuchung	ultrason muayenesi
Unterleib	karın altı
Untersuchung	muayene
Urin	idrar
Verband	sargı
verbinden	bağlamak, pansuman yapmak
Verbrennung	yanma
Verdauung	sindirim, hazım
Verdauungsstörung	hazımsızlık
Vergiftung	zehirlenme
verletzen	yaralamak
Verletzung	yaralanma
verschreiben	reçete yazmak

verstaucht	incinmiş, burkulmuş
Verstopfung	kabız
Virus	virüs
Wartezimmer	bekleme odası
wehtun	acımak, sancımak, ıstırap vermek
Windpocken	su çiçeği
Wunde	yara
Zahn	diş
Zahnschmerzen	diş ağrısı
Zecke	kene
Zehe	ayak parmağı
Zerrung	kas gerilmesi
ziehen (Zahn)	çekmek
Zunge	dil

BANK/GELDWECHSEL

Zahlen: Umschlagseite 2

Wo ist hier bitte eine Bank?	Nerede banka var, lütfen?
Ich möchte ... Euro (Schweizer Franken) in türkische Lira wechseln.	... euro (İsviçre frankı) Türk lirasına çevirmek istiyorum.
Können Sie mir bitte sagen, wie heute der Wechselkurs ist?	Bana söyleyebilir misiniz, bügün döviz kuru ne kadar?
Ich möchte diesen Reisescheck einlösen.	Bu seyahat çekini almak istiyorum.

WIE DIE EINHEIMISCHEN

Insider Tipp

An allen Ecken und Enden

Geld wechseln können Sie, außer bei der Bank natürlich, auch in den zahlreichen kleinen Wechselstuben (**döviz bürosu**), die überall vertreten sind. Auch auf Geldautomaten (**bankamatik**), die es fast schon an jeder Ecke gibt, kann man zurückgreifen. Die meisten größeren Hotels und größeren Geschäfte akzeptieren auch Kreditkarten.

Auf welchen Betrag kann ich ihn maximal ausstellen?	En fazla ne kadar yazabilirim?
Darf ich bitte Ihren Pass sehen?	Pasaportunuzu görebilir miyim?
Darf ich bitte Ihren Ausweis sehen?	Kimliğinizi görebilir miyim?
Würden Sie bitte hier unterschreiben?	Şurayı imzalar mısınız, lütfen?
Der Geldautomat akzeptiert meine Karte nicht.	Bankamatik kartımı kabul etmiyor.
Der Geldautomat gibt meine Karte nicht mehr heraus.	Bankamatik kartımı geri vermiyor.

auszahlen	ödemek
Bank	banka
Betrag	yekün, tutar
Cent	sent, cent
Euro	euro
Formular	formüler, belge
Geheimzahl	şifre
Geld	para
Geldautomat	bankamatik
Geldschein	kâğıt para, banknot
Geldwechsel	para bozdurma
Kasse	banka
Kleingeld	bozuk para
Kreditkarte	kredi kartı
Kurs	rayiç, kur
Ladeterminal	yükleme terminali
Münze	madeni para
Reisescheck	seyahat çeki
Schalter	gişe
Scheck	çek
Schweizer Franken	İsviçre frankı
umtauschen	bozdurmak
Unterschrift	imza
Währung	para birimi
Wechselkurs	kambiyo rayici, döviz kuru
Wechselstube	döviz bürosu
Zahlung	ödeme

FARBEN

Zeigebilder: Seite 4

beige	krem, bej
blau	mavi
braun	kahverengi
einfarbig	tek renkli
farbig	renkli
gelb	sarı
goldfarben	altın rengi
grau	gri, boz
grün	yeşil
lila	eflatun
orange	turuncu
rosa	pembe
rot	kırmızı
schwarz	siyah
silberfarben	gümüş rengi
türkis	türkuvaz
violett	mor
weiß	beyaz
hellblau/hellgrün	açık mavi/açık yeşil
dunkelblau/dunkelgrün	koyu mavi/koyu yeşil

FOTOGRAFIEREN

Zeigebilder: Seite 57

Darf ich Sie fotografieren?	Fotoğrafınızı çekebilir miyim?
Ist hier Fotografieren erlaubt?	Burada fotoğraf çekilebilir mi?
Könnten Sie bitte ein Foto von uns machen?	Acaba bizim bir fotoğrafımızı çekebilir misiniz?
Drücken Sie bitte auf diesen Knopf.	Şu düğmeye basın, lütfen.
Das ist sehr freundlich!	Çok naziksiniz.

FUNDBÜRO

Wo ist das Fundbüro, bitte?	Affedersiniz, kayıp eşya bürosu nerede?
Ich habe ... verloren.	Ben … kaybettim.
Ich habe meine Handtasche im Zug vergessen.	El çantamı trende unuttum.
Benachrichtigen Sie mich bitte, wenn sie gefunden werden sollte.	Bulunursa bana haber verin, lütfen.
Hier ist meine Hotelanschrift/ Heimatadresse.	Otel/Memleket adresim budur.

INTERNETCAFÉ

Wo gibt es in der Nähe ein Internetcafé?	Yakınlarda bir internet cafe var mı?
Wie viel kostet eine Stunde?/ Viertelstunde?	Saati/Çeyrek saati kaça?
Kann ich bei Ihnen skypen?	**Sizde skype yapabilir miyim?**
Kann ich mein Gerät bei Ihnen aufladen?	**Sizde cihazımı şarj edebilir miyim?**
Haben Sie ein passendes Ladegerät für mich?	**Sizde uygun bir şarj cihazı var mı?**
Kann ich eine Seite ausdrucken?	Bir sayfa yazdırabilir miyim?
Kann ich bei Ihnen Fotos von meiner Digitalkamera auf CD brennen?	Sizde dijital fotoğraf makinesimden resimleri CD'ye yazabilir miyim?
Haben Sie auch ein Headset zum Telefonieren?	Telefon etmek için mikrofonlu kulaklığınız var mı?

KINDER UNTERWEGS

Gibt es auch Kinderportionen?	Çocuklar için yarım porsiyon var mı?
Könnten Sie mir bitte das Fläschchen warm machen?	Biberonu lütfen ısıtabilir misiniz?
Haben Sie einen Wickelraum?	Çocuğun altını değiştirebileceğim bir oda var mı?
Könnten Sie mir bitte sagen, wo ich hier stillen kann?	Bana söyleyebilir misinz, nerede bebeğimi emzirebilirim?

Bitte bringen Sie noch einen Kinderstuhl.	Lütfen bir çocuk sandalyesi getirin.

Babybett	bebek yatağı
Babyfon	bebek fonu
Babysitter	çocuk bakıcısı
Fläschchenwärmer	biberon ısıtıcı
Kinderautositz	çocuk koltuğu (araba için)
Kinderbetreuung	çocuk bakımı
Kinderermäßigung	çocuk indirimi
Kindernahrung	bebek maması
Planschbecken	çocuk yüzme havuzu
Saugflasche	biberon
Schnuller	emzik
Schwimmflügel	yüzme kolluğu
Schwimmring	yüzme simidi
Spielplatz	oyun bahçesi
Spielsachen	oyuncak
Wickeltisch	bebek bezi değiştirme masası
Windeln	çocuk bezi

POLIZEI

Wo ist bitte das nächste Polizeirevier?	En yakın polis karakolu nerede?
Ich möchte einen Diebstahl anzeigen.	Bir hırsızlığı bildirmek istiyorum.
Ich bin überfallen/ vergewaltigt worden.	**Bana saldırıldı./Bana tecavüz edildi.**
Mir ist ... gestohlen worden.	Benim … çalındı.
die Handtasche	el çantam
der Geldbeutel	cüzdanım
mein Fotoapparat	fotoğraf makinam
mein Auto	arabam
Mein Auto ist aufgebrochen worden.	Arabam açılmış.
Ich habe ... verloren.	Ben … kaybettim.
Mein Sohn/Meine Tochter ist seit ... verschwunden.	Oğlum/Kızım …-den/-dan beri kayıp.
Können Sie mir bitte helfen?	Lütfen bana yardım eder misiniz?
Ich möchte einen Anwalt sprechen.	**Bir avukatla konuşmak istiyorum.**

Wenden Sie sich bitte an das deutsche/österreichische/ Schweizer Konsulat.	Alman/Avusturya/İsviçre konsolosluğuna başvurun, lütfen.

anzeigen	ihbar etmek, bildirmek
aufbrechen	zorla girmek, kırarak girmek
Autopapiere	araba kağıtları
Autoradio	araba radyosu
Autoschlüssel	araba anahtarı
belästigen	rahatsız etmek
Brieftasche	cüzdan
Dieb/Diebstahl	hırsız/hırsızlık
Gefängnis	hapishane
Geld	para
Geldbeutel	para çantası
Gericht	mahkeme
Papiere	kimlik (ve trafik belgesi)
Personalausweis	hüviyet, kimlik
Polizei	polis
Polizist/in	polis
Rauschgift	uyuşturucu madde
Rechtsanwalt/anwältin	avukat
Reisepass	pasaport
Richter/in	hakim
Scheck/Scheckkarte	çek/çek kartı
Schlüssel	anahtar
Taschendieb	yankesici
Überfall	baskın
Verbrechen	suç
Vergewaltigung	ırza tecavüz
verhaften	tutuklamak
verlieren	yitirmek
zusammenschlagen	dövmek

POST

Wo ist das nächste Postamt?	En yakın postane nerede?
Wo ist der nächste Briefkasten?	En yakın posta kutusu nerede?
Was kostet ein Brief ...	... bir mektup kaça gidiyor?
Was kostet eine Postkarte ... nach Deutschland?	... bir posta kartı kaça gidiyor? Almanya'ya

nach Österreich?	Avusturya'ya
in die Schweiz?	İsviçre'ye
Diesen Brief bitte ...	Bu mektubu ..., lütfen.
per Luftpost.	uçakla
per Express.	özel ulakla
Wie lange braucht ein Brief nach Deutschland?	Almanya'ya mektup kaç günde gider?

Absender	gönderen
Adresse	adres
aufgeben	postalamak
ausfüllen	doldurmak
Bestimmungsort	gideceği yer
Brief	mektup
Briefkasten	posta kutusu
Briefmarke	pul
Briefumschlag	zarf
Eilbrief	ekspres mektup, özel ulak
Empfänger	alıcı
Formular	form, belge
frankieren	pul yapıştırmak
Gebühr	harç, ücret
Gewicht	gramaj, ağırlık
Hauptpostamt	merkez postanesi
Leerung	boşaltma
Luftpost, mit	uçakla
Paket	paket
Porto	posta ücreti
Postamt	postane
Postkarte	posta kartı
Postleitzahl	posta kodu
Schalter	gişe
Vordruck	form, formüler

TELEFONIEREN

Ich möchte ...	Ben ... istiyorum.
eine Telefonkarte.	bir telefon kartı
ein R-Gespräch führen.	bir ödemeli konuşma yapmak
Bitte eine internationale Telefonkarte.	Bir uluslararası telefon kartı, lütfen.
Wie ist die Vorwahl von ...?	... kodu kaç?

Ich möchte nach ... telefonieren.	...-(y)e/-(y)a telefon etmek istiyorum.
Wie viel kostet es pro Minute?	Dakikası kaça?
Hier spricht ...	Burada ...
Hallo, mit wem spreche ich?	Alo, kiminle konuşuyorum?
Kann ich bitte Herrn/Frau ... sprechen?	... beyle/hanımla konuşabilir miyim?
Tut mir leid, er/sie ist nicht da.	Maalesef burada/evde değil.
Kann er/sie Sie zurückrufen?	Sizi arayabilir mi?
Würden Sie ihm/ihr bitte sagen, ich hätte angerufen?	Telefon ettiğimi ona söyler misiniz?

abnehmen	açmak
Anruf	telefon
anrufen	telefon etmek
Auskunft	danışma, enformasyon
Auslandsgespräch	uluslararası konuşma
besetzt	meşgul
durchwählen	direkt aramak
Ferngespräch	şehirler arası konuşma
Gebühr	harç, ücret
Gespräch	konuşma
Handy	cep telefonu
Hörer	ahize
Ladekabel	şarj kablosu
Münzfernsprecher	jetonlu telefon
Ortsgespräch	şehiriçi telefon konuşması
Prepaid-Karte	ön ödemeli kart
SIM-Karte	SIM kartı
Smartphone	akıllı telefon
R-Gespräch	ödemeli konuşma
Telefon	telefon
Telefonbuch	telefon rehberi
Telefongespräch	telefon konuşması
telefonieren	telefon etmek
Telefonkarte	telefon kartı
Telefonnummer	telefon numarası
Telefonzelle	telefon kulübesi
Verbindung	bağlantı
Vermittlung	telefon santralı
Vorwahlnummer	telefon kodu
wählen	çevirmek

HANDY | CEP TELEFONU

Meine Prepaid-Karte ist leer.	ön ödemeli kartım tükendi.
Ich möchte meine Karte aufladen.	Kartımı doldurmak istiyorum.
Wie viele Minuten kann ich mit einer Karte für ... Lira sprechen?	... liralık bir kart ile kaç dakika telefon edebiliyorum?
Für welches Gebiet gilt diese SIM-Karte?	Bu SIM kartı hangi bölgede geçerli?
Geben Sie mir bitte eine Tarifübersicht.	Bana bir tarife listesi verir misiniz, lütfen?
Haben Sie Guthabenkarten der Mobilfunkgesellschaft ...?	Sizde ... mobil telefon şirketin ön ödemeli telefon kartları var mı?
Mein Akku ist leer. Haben Sie ein Ladekabel für mich?	Pilim tükenmiş. Sizde bir şarj kablosu var mı?

TOILETTE UND BAD

Wo ist bitte die Toilette?	Tuvalet nerede lütfen? > Bloß nicht! S. 136
Dürfte ich wohl bei Ihnen die Toilette benutzen?	Tuvaletinizi kullanabilir miyim acaba?
Könnten Sie mir bitte Toilettenpapier geben?	Bana tuvalet kağıdı verebilir misiniz?
Die Toilette ist verstopft.	Tuvalet tıkalı.

Damen	Bayanlar
Damenbinden	ped, kadın pedi
Handtuch	havlu
Handwaschbecken	lavabo
Herren	Baylar
sauber	temiz
schmutzig	kirli
Seife	sabun
Stehklosett	alaturka tuvalet
Tampons	tampon
Toilettenpapier	tuvalet kağıdı
Wasserspülung	sifon

> Wetter: S. 19; Zahlen: Umschlagseite 2; Zeitangaben: S. 16/17

DIE 1333 WICHTIGSTEN WÖRTER

Die hinter der türkischen Übersetzung aufgeführten Zahlen verweisen auf die entsprechenden Seiten der themenbezogenen Kapitel.

A

ab -den, -dan itibaren
abbestellen (Zimmer, Fahr-, Flugkarten) iptal etmek
Abend akşam
aber ama, fakat
Abfahrt hareket, kalkış > 32, 34
Abflug uçuş > 29
ablaufen süresi dolmak, bitmek
ablehnen reddetmek, yadsımak
Abreise yola çıkış, hareket > 69
abreisen (nach) hareket etmek, yola çıkmak
Abschied nehmen vedalaşmak, ayrılmak > 12
abschleppen çekmek > 25
Absender gönderen > 117
abwärts aşağıya doğru
Achtung dikkat
Adresse adres > 117
Ägäis Ege Denizi
Aktivurlaub aktif tatil > 84 ff.
Algen deniz yosunu
alle hepsi, tümü
allein yalnız
alles hepsi
als (zeitlich) iken, -ken; (bei Vergleich) daha
also öyleyse, demek ki
alt yaşlı; (nicht frisch) bayat; (aus früheren Zeiten) eski (zamanlardan)
Alter yaş > 14
Amt (Dienststelle) resmi daire
an yanında, üstünde
Anatolien Anadolu
anbieten sunmak, teklif etmek
andere, der, die, das ~ diğeri, öbürü; **ein ~r** başka biri
ändern değiştirmek
anders adv diğer
Anfang başlangıç
Angst korku
anhalten durmak
ankommen varmak > 32
Ankunft varış > 30
Anmeldung kayıt
Anreisetag varış günü
Anruf telefon > 118
anrufen telefon etmek
Anschluss telefon etmek
Anschrift adres
anstatt yerine
anstrengend yorucu, zor
antworten cevap vermek, yanıtlamak
Apotheke eczane > 54 f., 58
Appetit iştah
Ararat Ağrı
arbeiten çalışmak, uğraşmak, işlemek
ärgern, s. ~ über kızmak, öfkelenmek
arm fakir, yoksul
Art biçim, tarz, tür
Arzt doktor > 104 f.
Asien Asya
auch de/da, dahi
auch nicht de/da değil
auf üstüne, üstünde
aufbrechen kırmak; kalkmak, gitmek > 115 f.
Aufenthalt durma, dinlenme, kalınan yer; (Zug) mola, rötar > 32
aufgeben (Gepäck) yollamak, sevkettirmek, (emanete) teslim etmek; (Post) postalamak, göndermek > 117
aufhören bitmek, kesilmek
aufpassen (auf) dikkat etmek
aufstehen ayağa kalkmak; (aus dem Bett) yataktan kalkmak
Augenblick an
aus (Herkunft) -den/-dan; **~ Ankara** Ankara'dan; (Grund) için, yüzün den
Ausfahrt çıkış yolu
Ausflug gezi > 79
ausfüllen doldurmak > 117
Ausgang çıkış
Auskunft danışma, enformasyon > 8, 20, 29, 32 ff, 76
Ausländer yabancı, ecnebi
außen dışarıda
außer dışında, başka
außerdem bundan başka, ayrıca
Aussicht manzara, görüş sahası; (Möglichkeit) olasılık
aussprechen söylemek, ifade etmek; telaffuz etmek

aussteigen inmek >32, 34
Ausweis (Personalausweis) kimlik, hüviyet
Auto araba, otomobil; **~ fahren** (araba) kullanmak, sürmek >23 ff.
Autopapiere araba kağıtları >27

B

Baby bebek >114 f.
Badeort kaplıca, ılıca
Bahnhof istasyon >31 f.
bald yakında, birazdan
Balkan Balkanlar
Ball top; (Fest) balo
Band (1) n (aus Stoff) şerit, bant, bağ
Band (2) m (Buch) cilt
Band (3) f (Orchester) caz orkestrası; müzik grubu >80
Bank (1) (Geldinstitut) banka >111 f.
Bank (2) (Sitzbank) sıra, kanape
Bar bar >80
Baum ağaç
beachten hesaba katmak, dikkate almak
Beanstandung şikayet >38, 68
beantworten cevaplandırmak, yanıtlamak
bedeuten anlamına gelmek
Bedienung garson, servis
beenden bitirmek, sonuçlandırmak
befinden, s. ~ bulunmak, (b. y. de) olmak
befreundet sein arkadaş olmak
befürchten korkmak, endişe etmek
begegnen karşılaşmak, raslamak
beginnen başlamak
begleiten birlikte gitmek, refakat etmek
begrüßen selamlamak, karşılamak >10
behalten alıkoymak, tutmak
Behörde resmi daire
behindertengerecht fiziksel engellilere uygun
Behindertentoilette fiziksel engelliler tuvaleti
bei (nahe) yanında, yakınında
beide her iki, ikisi
Beileid baş sağlığı
Beispiel örnek, misal; **zum ~** örneğin, mesela
beißen ısırmak
beklagen, s. ~ über şikayetçi olmak, yakınmak
belästigen rahatsız etmek, huzur kaçırmak, sataşmak >116
beleidigen hakaret etmek, aşağılamak
benachrichtigen haber vermek, bildirmek
benötigen gereksinmek, ihtiyacı olmak
benutzen kullanmak, yararlanmak; (Verkehrsmittel) binmek
Benzin benzin >23 ff.
Berg dağ
Beruf meslek, iş
beruhigen, s. ~ sakinleşmek, durulmak
beschädigen zedelemek, zarar vermek
bescheinigen tasdik etmek, onaylamak, belgelemek
beschlagnahmen el koymak
beschließen karar vermek, sona erdirmek
beschweren, s. ~ (über) şikayet etmek, yakınmak
besetzt (Platz, voll) dolu, tutuldu
besichtigen gezmek, dolaşmak
Besichtigung ziyaret, gezme görme >76 ff.
besitzen sahip olmak
Besitzer mal sahibi
besorgen temin etmek, yerine getirmek
bestätigen tasdik etmek, onaylamak
Besteck çatal, bıçak
Bestellung ısmarlama >38
bestimmt adj belli; adv kesin, kararlı
besuchen, jdn ~ konuk gitmek, ziyaret etmek
Betrag tutar, miktar
betreten girmek, ayak basmak
betrinken, s. ~ sarhoş olmak, içki içmek
betrügen aldatmak, dolandırmak
betrunken şarhoş, içkili; (leicht) çakır keyif
Bewohner oturan, sakin
bewusstlos bayılmak, kendini kaybetmek >106 f.
bezahlen ödemek
Biene arı
Bild resim, fotoğraf; (Abbildung) kopya; (Gemälde) tablo
billig ucuz
bis -e kadar, -e değin; **~ jetzt** şimdiye kadar
bisschen, ein ~ birazcık
bitte lütfen; (Antwort auf Dank) bir şey değil; **wie ~?** efendim? >12
Bitte dilek, rica >12
bitten, jdn um etw ~ b. inden b. ş. rica etmek
blau mavi
bleiben kalmak
Blitz şimşek; (Foto) flaş
Blume çiçek
Blut kan >107
Boden yer; (Fußboden) taban, döşeme
Boot kayık >84
böse kötü, fena; (verärgert) kızgın, dargın
Bosporus Boğaziçi

Botschaft (dipl. Vertretung) büyükelçilik
Brand yangın
brauchen gereksinmek, faydalanmak; (Zeit) lâzım olmak, gerekmek
brechen kırmak
breit geniş
Bremse fren >24 f.
brennen yanmak
Brief mektup >116 f.
Brieftasche cüzdan >116
Brille gözlük >63
bringen (her~) getirmek; (weg~) götürmek
Brot ekmek >43, 62
Bruder erkek kardeş
Buch kitap
buchstabieren harfleri söylemek, hecelemek
Bucht körfez, koy
Buchung rezervasyon >6 f., 29 f.
Büro yazıhane, büro
Bus otobüs >34

C

Café kahvehane
Camping Kamp >74 f.
Chef şef, müdür
Club/Diskothek klüp/diskotek >80
Computer bilgisayar >57
Computerhandlung bilgisayar mağazası >54, 57
Cousin/e kuzen, yeğen

D

da (Ort) orada, şurada; (Grund) zira, çünkü; (Zeit) o an, o zaman
dafür sein (b. ş. den) yana olmak, kabul etmek, onaylamak
dagegen sein karşı olmak, reddetmek
daheim evde, yuvada
daher (Grund) ondan dolayı, o nedenle
damals o zaman
Dame bayan, hanım
danach ondan sonra, daha sonra
dann sonra, öyleyse
da sein (anwesend) bulunmak, mevcut olmak
dasselbe aynısı
Datum tarih, gün >17
Dauer süre
dauern sürmek, devam etmek
Decke (1) (Bettdecke) yorgan, battaniye
Decke (2) (Zimmerdecke) tavan
defekt bozuk >24 f.
dein senin
denken an düşünmek
denn çünkü, zira
deshalb bunun için
Deutsche, der, die Alman (yurttaşı)
Deutschland Almanya
dich seni
dick şişman; (geschwollen) şiş
Diebstahl hırsızlık >115 f.
diese(r, -s) bu, şu
Ding şey, nesne
dir sana
Direktor müdür, yönetmen
Diskothek disco >80
doch elbette, evet
Doktor doktor, hekim
doppelt çift
Dorf köy
draußen dışarıda
drin(nen) içinde, içeride
dringend acele, ivedi
Drogerie eczacı, itriyatçı >54, 56
du sen
dumm aptal, akılsız
dunkel karanlık, koyu
dünn ince, zayıf
durch (quer ~) ortasından, arasından
Durchgang geçit yeri
Durchreise transit
Durchreisevisum transit vize
dürfen izinli olmak
durstig sein susamak

E

eben (1) (flach) düz
eben (2) (zeitlich) biraz önce, demin
Ebene ova, düzey
echt gerçek, hakiki
Ecke köşe
Ehe evlilik
Ehefrau evli kadın, karı
Ehemann evli erkek, koca
Ehepaar karıkoca
Ei yumurta
Eigenschaft nitelik, özellik
Eigentümer mal sahibi
eilig acele, ivedi; **es ~ haben** acele etmek, vakti olmamak
eins bir
Einfuhr dışalım, ithal >22
Eingang giriş
einige birkaç, bazı

einigen birleştirmek, uzlaştırmak
einkaufen alış-veriş etmek, satın almak >52 ff.
einladen davet etmek, çağırmak
einmal birkez, bir defa
einreisen bir ülkeye girmek
eins bir
einsam tenha, yalnız
eintreten içeri girmek
Eintrittskarte giriş kartı, bilet >82, 84
Einwohner nüfus, oturan, yurttaş
Eisenbahn tren >31 ff.
Elektrohandlung elektirik malzemecisi >54, 57
Eltern anababa, ebeveyn
E-Mail-Adresse e-mail adresi >8
Empfang alındı; (Hotel) resepsiyon; (Besuch) kabul
Empfänger alıcı >117
empfehlen salık vermek, tavsiye etmek
enden sona ermek, bitmek
endgültig adj en son; adv kesin, kati
endlich en sonunda
englisch İngilizce
Enkel/in torun
entdecken bulmak, ortaya çıkarmak, keşfetmek
entfernt uzak, ırak
entgegengesetzt zıt, ters
entlang boyunca
entscheiden karar vermek
entschließen, s. ~ kesin karar vermek
Entschluss karar
entschuldigen bağışlamak, affetmek; **s. ~** affını dilemek, özür dilemek >12
Entschuldigung af, özür; **ich bitte um ~** özür dilerim, affınızı dilerim
enttäuscht umudu kırılmış, hayal kırıklığına uğramış
entweder ... oder ya ... ya (da)
entwickeln geliştirmek
Ephesus Efes
er o
Erde toprak, yeryüzü
Erdgeschoss zemin katı
ereignen, s. ~ meydana gelmek, olmak
Ereignis olay, vaka
erfahren duymak, öğrenmek
erfreut (über) sevinçli, memnun
Ergebnis sonuç, netice
erhalten almak, elde etmek; (durch Bemühung) korumak, saklamak
erhältlich, ist ~ alınabilen, bulunur
erholen, s. ~ dinlenmek, kendine gelmek
erinnern, jdn an etw ~ hatırlatmak, anımsatmak; **s. ~** hatırlamak, anımsamak
erkennen tanımak, bilmek
erklären (angeben) açıklamak; (deutlich machen) açıklamak, anlatmak
erkundigen, s. ~ bilgi almak, danışmak
erlauben izin vermek, müsaade etmek
Erlaubnis izin, müsaade
erledigen yerine getirmek, bitirmek, yapmak
Ermäßigung indirim, tenzilât >31 f.
ernst ciddi
erreichen erişmek, yetişmek
Ersatz (Schaden~) tazminat
erschöpft yorgun, bitkin
erschrecken ürkütmek; (erschrocken sein) ürkmek, korkmak
ersetzen yerine geçmek, yerine koymak; (Schaden) karşılamak, tazmin etmek
erst (zuerst) önce, ilkin; (nicht früher als) (-den) sonra
Erwachsene(r) yetişkin, büyük
erzählen anlatmak
Erziehung eğitim, yetiştirme
es gibt var
essbar yenilebilir
Essen gıda; (Mahlzeit) yemek >36 ff., 62
essen yemeğe
etwa aşağı yukarı
etwas bir şey; (ein wenig) biraz
euch size, sizi
euer sizin
Euro Euro >111 f.
Europa Avrupa
Europäer/in Avrupalı

F

Fabrik fabrika
fahren (taşıtla) gitmek; (lenken) (taşıt) kullanmak, sürmek
Fahrkarte bilet >32, 34 f.
Fahrplan hareket cetveli, hareket tarifesi >32
Fahrrad bisiklet >23 ff., 87
Fahrstuhl asansör
Fahrt gidiş, yolculuk
fallen düşmek
falsch yanlış; (betrügerisch) sahte, yapay
Familie aile
Familienname soyadı >22
Farbe renk, boya >113

faul tembel, miskin; (Obst) çürük, kurtlu
fehlen eksik olmak, bulunmamak
Fehler (den man macht) hata, yanlış; (den man hat) kusur
Feiertag tatil günü >18
Feld saha, tarla
Fels kaya
Ferien tatil; **in Ferien** tatilde
Ferienhaus tatil evi, yazlık >9, 72
Ferngespräch telefon konuşması >117 f.
fertig (bereit) hazır; (vollständig) tamam
Fest bayram, şenlik, eğlence
Festland kara
fett yağlı, şişko
feucht nemli
Feuer ateş
Feuerlöscher yangın söndürücü
Feuermelder yangın bildiren, alarm
Feuerwehr itfaiye
Film (Foto, Kino) film >80 f.
finden bulmak
Firma firma, şirket
Fisch balık >45, 49 f., 62
Fischgeschäft balıkçı
Flasche şişe
Fleisch et >44, 48 f., 62
Fliege sinek
fliegen uçmak
fließen akmak
Flirt flört >15 f.
Flug uçuş >29 f.
Flughafen hava alanı/limanı >29 f.
Flugzeug uçak >29 f.
Fluss nehir, ırmak
folgen takip etmek, izlemek
fordern istemek, talebetmek
Formular formüler, (doldurulacak) belge, evrak; **ein ~ ausfüllen** formüler/belge doldurmak
fort gitmiş, yok
fortsetzen devam etmek, sürdürmek
Foto fotoğraf
Fotoartikel fotoğraf malzemesi >54, 57
fotografieren fotoğraf çekmek, resim çekmek >113
Frage soru
fragen sormak
frankieren pul yapıştırmak >117
Frau kadın, hanım, bayan; (Ehe~) eş, karı
frei serbest, boş, özgür; (gratis) ücretsiz, bedava, parasız
fremd (ausländisch) yabancı; (unbekannt) tanınmıyan, bilinmeyen
Fremde, der, die yabancı
Fremdenführer rehber, kılavuz >77 f.
Freude sevinç, neşe
freuen, s. ~ über sevinmek
Freund/in arkadaş, dost
freundlich dostça, arkadaşça, samimi
Freundlichkeit içtenlik, nezaket
Friede barış, sulh
frieren üşümek
frisch taze, serin; (neu) yeni; (Wäsche) temiz
Friseur berber >54, 58 f.
froh (zufrieden) memnun, hoşnut; (glücklich) mutlu, mesut; (lustig) neşeli
früh erken
Frühstück kahvaltılı >46, 68 f.
fühlen hissetmek, duymak
Führer (für Fremde) kılavuz, rehber
Führerschein ehliyet >22, 25
Führung >77 f.
Fundbüro kayıp eşya bürosu, yitik bürosu >114
funktionieren işlemek, görevini yapmak
für için
fürchten korkmak, ürkmek; **s. ~ vor** b. ş. den korkmak
fürchterlich korkunç

G

Gabel çatal
Gang (Auto) vites; (Durchgang) geçit, arageçit; (Essen) çeşit; (Flur) koridor
ganz (adj) bütün, tüm, hepsi; (vollständig) tam, tamam; adv tamamen, salt
Garage garaj
Garantie güvence, garanti
Garten bahçe
Gast konuk, misafir
Gastgeber/in ev sahibi/sahibesi
Gasthaus, ~hof lokanta (bazen otelli), aşevi
Gebäude yapı, bina
geben vermek
Gebet dua
Gebirge sıradağ, dağlar >79
geboren doğum
Gebühr harç, ücret
Geburt doğum, doğuş
Geburtstag doğum günü
Geburtsdatum doğum tarihi
Geburtsname kızlık soyadı >22
Geburtsort doğum yeri >22
Gedanke düşünce
gefährlich tehlikeli

Gefallen hoşa gitme, beğenme, hoşlanma
Gefängnis hapishane >116
Gefühl duygu, his
gegen (wider) karşı; (in Richtung auf, zeitlich) (-e) doğru
Gegend yöre, dolay
Gegenstand (Gesprächsgegenstand) konu, mevzu; (Ding) şey, madde
Gegenteil aksi, tersi, karşıtı
geheim gizli
gehen gitmek; (zu Fuß) yürümek
gehören ait olmak, dahil olmak
Geistlicher din adamı
gelb sarı
Geld para >111 f.
Geldautomat bankamatik >112
Geldbeutel para çantası >115 f.
Geldstück madeni para
Geldwechsel para değiştirme >111 f.
Gelegenheit fırsat
gemeinsam adj ortak, birlikte; adv topluca
gemischt karma, karışık
Gemüse sebze >41, 49, 62
genau karma, karışık
genießen tadını çıkarmak, zevk almak
genug yeter
geöffnet açık
Gepäck bagaj >32
geradeaus doğruca
Gericht (Essen) yemek >38; (Justiz) mahkeme >116
gern seve seve, severek
Geruch koku
Geschäft (Laden) dükkân, mağaza >52 ff.; (Handel) ticaret
geschehen meydana gelmek, olmak
Geschenk armağan, hediye
Geschichte tarih, hikâye, olay
geschlossen kapalı
Geschmack tat, zevk
Geschwindigkeit hız, sürat
Gesellschaft toplum, dernek
Gespräch konuşma, söyleşi
gesund sağlıklı, sağlam, sıhhatli
Gesundheit sağlık, sıhhat
Getränk içecek >38, 40, 45, 50 f., 62
getrennt ayrı
Gewicht ağırlık, önem
gewinnen kazanmak
gewiss elbette; adv şüphesiz, kuşkuşuz
Gewitter fırtına
gibt, es ~ var
Gift zehir
Gipfel doruk, uç
Gitarre gitar
Glas (Scheibe) cam; (Trinkglas) bardak
Glaube inanç
glauben inanmak
gleich (1) adj aynı, eşit
gleich (2) (sofort) hemen
Glück şans, talih; **viel Glück!** bol şans!, iyi talihler!
glücklich mutlu, mesut
Glückwunsch tebrik >12 f.
Goldenes Horn Haliç
Gott Allah, Tanrı; **~ sei Dank!** Allaha şükür!
Grab mezar
Grad (Temperatur) derece; (Rang) rütbe
gratulieren tebrik etmek, kutlamak
grau gri, boz
Grenze sınır, hudut >22
groß büyük, iri; (bedeutend) önemli
Größe (Ausdehnung) büyüklük, alan; (Kleidung) beden; (Schuhe) ayakkabı büyüklüğü/numarası
Großmutter büyükanne, nine
Großvater büyükbaba, dede
grün yeşil
Grund (Beweggrund) hareket nedeni
Gruppe grup, küme
grüßen selâmlamak
gültig geçerli >22
gut iyi

H

Haar saç >58 ff.
haben malik olmak, var olmak
Hafen liman >33
halb yarım
Halikarnossos Bodrum
Hallo! Merhaba!
halt! dur!
halten (festhalten) tutmak; (dauern) sürmek, davam etmek; (stehen bleiben) durmak
Haltestelle durak (yeri) >34 f.
Handy cep telefonu >119
hart sert, katı
hässlich çirkin, kötü
häufig adv çoğu kez
Haus ev
Hausbesitzer ev sahibi >72
hausgemacht ev yemeği
Haushaltswaren Ev Eşyaları
heilig kutsal, aziz
Heimat ana vatan, yurt

heimlich gizli, saklı
Heimreise dönüş yolculuğu, sıla yolculuğu
heiraten evlenmek
heiß çok sıcak
heißen (sich nennen) adında olmak, adlandırmak
heiter açık, bulutsuz; neşeli
Heizung soba, kalorifer, ısıtma >68 f.
helfen, jdm ~ yardım etmek
hell aydınlık, açık
herein! girin!, buyrun!
hereinkommen içeriye girmek
Herkunft vatan >14
Herr bay, bey
heute bugün
hier burada
Hilfe imdat, yardım; **erste Hilfe** ilk yardım
Himmel gök, gökyüzü
hinlegen yere yatırmak, koymak; **s. ~** yatmak, uzanmak
hinsetzen, s. ~ oturmak
hinter arkasında
Hobby hobi
hoch yüksek
Hochzeit (Feier) düğün
hoffen ummak, ümit etmek
höflich kibar, nazik
Höhe yükseklik
Höhepunkt doruk noktası
Holz odun, tahta
Honorar telif, ücret
hören duymak, işitmek; (zu~) dinlemek
Hotel otel >6 ff., 66 ff.
hübsch güzel, şirin, hoş
Hügel tepe, tümsek
Hund köpek
Hunger açlık
hungrig sein aç olmak
Hütte kulübe, baraka; (Berg~) dağ kulübesi

I

ich ben
Idee fikir, düşünce
ihr (1) pers prn siz
ihr (2) poss prn f sing onun; pl onların
Imbiss kahvaltı, (ayaküstü) yemek, sandviççi
immer daima, her zaman
imstande sein yapacak halde olmak, yetkin olmak
in içinde
inbegriffen dahil
informieren bilgilendirmek
Inhalt içerik, öz
innen içinde
Innenstadt şehir merkezi
innerhalb (zeitlich) bu sırada, içinde
Insekt böcek
Insel ada
interessieren, s. ~ (für) ilgilenmek
international uluslararası
Internet internet >8, 114
Internetadresse internet adresi >8
irren, s. ~ yanılmak
Irrtum yanılgı, hata

J

Jahr yıl, sene
Jahreszeit mevsim >18
jede(r, -s) adj her, her bir; (Pronomen) herkes
jedesmal her sefer, her defa
jemand birisi
jetzt şimdi
Jugendherberge gençler için tatil yurdu
jung genç
Junge oğlan, delikanlı
Junggeselle bekâr erkek

K

Kabine kabin, kulübe >33
Kaffee kahve >46, 51, 62
kalt soğuk
Kanal kanal
Kapelle (Gebäude) küçük kilise >78; (Musik~) orkestra
kaputt bozuk, kırık
Käse peynir >43, 62
Kasse kasa, vezne; (Theater~) gişe >82
Katze kedi
Kauf alım, satın alma
kaufen satın almak
kaum pek az, hemen hiç
Kaution kefalet
kein yok, değil
keine(r, -s) hiçbir
keinesfalls hiç bir zaman, asla, katiyen
Kellner/in garson
kennen tanımak, bilmek
kennenlernen tanışmak >10 ff.
Kind çocuk
Kino sinema >80 f.
Kirche kilise >78
Kissen yastık

Kleidung giyim, kıyafet >60 ff.
klein küçük, ufak; (Alter) küçük, genç
Kleingeld bozuk para >112
Klima iklim >19
Klingel zil
klingeln zil çalmak
klug akıllı, zeki
Kneipe meyhane >80
knipsen (Foto) fotoğraf çekmek
kochen pişirmek; (sieden) kaynamak; (zum Sieden bringen) kaynatmak
Koffer bavul
Kohle kömür
kommen gelmek
Kompass pusula
Komplimente komplimanlar >13 f.
Kondom prezervatif
können yapabilmek; (gelernt haben) bilmek
Konsulat konsolosluk
Kontakt kontak, ilişki
kontrollieren kontrol etmek
Konzert konser >80 f.
Körper vücut, gövde >107 ff.
kosten fiyatında olmak, değerinde olmak
krank hasta >106 ff.
Krankenhaus hastahane >107
Krankenwagen ambülans
Krankheit hastalık >106 ff.
Kreditkarte kredi kartı >52, 69, 112
Krieg savaş, harb
kritisieren eleştirmek
Küche mutfak
kühl soğuk, serin
Kultur kültür >76 ff.
Kummer dert, keder
kümmern, s. ~ um ilgilenmek
Kurs (Unterricht) yön, kurs; (Wechselkurs) rayiç, kur >111 f.
Kurve dönemeç
kurz (räumlich) kısa; (kurzgefasst) özet, kısaltılmış
kürzlich az önce, geçende
Kuss öpüş, öpücük
küssen öpmek
Küste kıyı, sahil >34

L

lachen gülmek
Laden mağaza, dükkân
Lage durum; (eines Ortes) yeri
Land ülke; (Gegensatz zu Wasser) kara
Landkarte harita >65
Landschaft manzara, doğa >79
lang uzun
Länge uzunluk
langsam adj uzunluk
langweilig cansıkıcı
Lärm gürültü, şamata
lassen (zulassen) bırakmak
lästig cansıkıcı, usandırıcı
Lastwagen kamyon
laufen koşmak
laut gürültülü, yüksek sesli
Lautsprecher hoparlör
Leben yaşam, hayat
leben yaşamak
Lebensmittel yiyecek içecek, gıda maddeleri >41 ff., 60, 62
ledig bekâr >22
leer boş
legen koymak, sermek
leicht kolay; (Gewicht) hafif
leider yazık (ki)
leihen ödünç vermek; (ent~) ödünç almak
leise sessiz, yavaş
Leiter/in yönetici
lesen okumak
letzte(r, -s) sonuncu
Leute insanlar, halk
Licht ışık
lieb sevimli; **jdn lieb haben** sevmek, hoşlanmak
lieben sevmek
liebenswürdig güleryüzlü, sevimli
lieber daha iyi, daha severek
Lied şarkı, türkü
liegen bulunmak, durmak; (ausgestreckt sein) yatmak, uzanmak
links sol
Loch delik, çukur
Löffel kaşık
Lohn ücret
Lokal (Gaststätte) lokanta, aşevi >36, 39
löschen söndürmek
Luft hava
Lüge yalan
lustig neşeli; (erheiternd) güldürücü

M

machen (herstellen) üretmek, yapmak
Mädchen kız, genç kız
Mahlzeit övün, yemek
Mal kez, kere; **einmal** bir kere, bir kez
man insan, kişi

manchmal bazen
Mangel (Fehlen) eksiklik, yokluk; (Fehler) hata, kusur
Mann erkek, adam; (Ehemann) koca
männlich erkekçe
Markt pazar >54, 79
Marmarameer Marmara Denizi
Maschine makina, mekanizma
Maße ölçüler
Medikament ilaç >55, 58
Meer deniz
mehr daha çok, daha fazla
mein(e) benim
meinen düşüncesinde olmak, fikir söylemek
Meinung fikir, görüş
Mensch insan
merken farkına varmak, algılamak; **s. etw merken** aklında tutmak
Messe (Kirche) ayin; (Ausstellung) fuar, sergi
Messer bıçak
mich beni
Miete kira >72
mieten kiralamak
Mietwagen Kiralık araba >6 f., 28 f.
mindestens en azından, hiç olmazsa
minus eksi
Minute dakika
mir bana
misstrauen şüphe etmek, güven duymamak
missverstehen yanlış anlamak
mit ile, birlikte, beraber
mitbringen birlikte getirmek, yanında getirmek
mitnehmen yanına almak, alıp götürmek
Mittag öğlen
Mittagessen öğlen yemeği >36 ff.
Mitte orta
mitteilen bildirmek, haber vermek
Mittel araç; (Heilmittel) ilâç >55, 58
Mittelmeer Akdeniz
Möbel mobilya
Mode moda >60 f.
modern modern, yeni; (neuzeitlich) moda, asri
mögen (gern haben) sevmek, beğenmek; (wünschen) arzu etmek, istemek
möglich mümkün, olası
Mole dalgakıran
Moment an
Monat ay >18
Mond ay
Morgen sabah
morgens sabahları, sabahleyin
Motor motor
Motorrad motosiklet >23 ff.
Möwe martı
Mücke tatarcık, sivrisinek
müde yorgun
Mühe zahmet, külfet
Müll çöp
Münze madeni para, bozuk para >112
Museum müze >77 f.
Musik müzik
müssen zorunda olmak, mecbur olmak
Mutter anne

N

nach sonra, daha sonra
Nachbar/in komşu
nachher ondan sonra, sonradan
nachmittags öğleden sonraları
Nachricht haber, bilgi
nächste(r, -s) sonraki
Nacht gece
Nachtclub gece klübü >80
nackt çıplak
nahe yakın
Nahverkehr şehiriçi ulaşım >34 f.
Name isim, ad >11, 22
nass ıslak, yaş; (durchnässt) sırılsıklam
Nation ulus, millet
Natur doğa, tabiat
natürlich adj doğal, tabii; adv elbette
neben yan
Neffe yeğen (erkek), kardeş çocuğu
nehmen almak
nennen demek, isimlendirmek
nervös sinirli
nett hoş, şirin; (freundlich) nazik, sevimli
neu modern, değişik; (ungebraucht) yeni
neugierig meraklı, mütecessiz
Neuigkeit haber, havadis
nicht değil
Nichte yeğen (kız), kardeş kızı
nichts hiç, hiçbir şey
nie asla, hiç bir zaman
nieder, niedrig basık, alçak
niemand hiç kimse
nirgends hiç bir yerde
Norden kuzey
normal normal, olağan
Notausgang imdat kapısı >30
Notbremse imdat freni >32
Notrufsäule imdat telefonu >27
Nummer numara, sayı
nur ancak, yalnız(ca), salt

O

ob acaba, yüzünden, dolayı
oben yukarıda
Ober (Anrede) garson
Obst meyva >42, 50, 62
oder ya da, veya
Ofen soba, fırın
offen açık
öffentlich genel, umumi
öffnen açmak
Öffnungszeiten açılış saatleri
oft sık sık, çoğu zaman
ohne -siz, -sız
ohnmächtig baygın
Öl yağ, petrol
Onkel amca, dayı
Optiker gözlükçü >54, 63
Ort yer, mahal
Ortschaft meskün belde, ören
Osten doğu
Österreich Avusturya
Österreicher/in Avusturyalı
Ozean okyanus

P

Paar, ein ~ çift; (Ehepaar) karı
Päckchen küçük paket
packen hazırlamak
Paket paket >117
Panne arıza >24, 27
Papiere kağıtlar, belgeler >22, 27
Park park
parken park yapmak/etmek >23, 27
Pass (1) (Ausweis) pasaport >22
Pass (2) (Gebirge) geçit, boğaz
Passagier yolcu
Passkontrolle Pasaport kontrolü >22
Pension pansiyon >8 f., 66 ff.
Pergamon Bergama
Person kişi, kimse
Personal işalanlar, personel
Personalausweis hüviyet, kimlik
Personalien kişisel bilgiler, hususi eşkâl
Pfand teminat, rehin; (Flaschen~) depozito
Pflanze bitki
Pflicht ödev, görev
Platz (in der Stadt) alan, meydan >78; (Raum; Sitz) yer
plötzlich aniden, birdenbire
plus artı
Politik politik
Polizei polis >115 f.
Portier kapıcı
Postamt postane >116 f.
Preis fiat, ödül
Priester papaz
Programm proğram, tasarı >81 f.
Promille binde, bin üzerinden
Prozent yüzde
prüfen imtihan etmek; (Qualität) denemek
pünktlich dakik
putzen temizlemek, silmek

Q

Qualität nitelik, vasıf, kalite
Qualle denizanası
Quelle kaynak
quittieren makbuz vermek

R

Rabatt iskonto, tenzilat
Rad fahren bisiklete binmek >23 ff., 87
Radio radyo
Radioapparat radyo
Rampe rampa
Rand kenar, sınır
rasch adj hızlı, çabuk; adv süratle, acele
Rasen çim
Raststätte dinlenme tesisi
raten salık vermek, akıl vermek; (erraten) bilmek, tahmin etmek
Rathaus belediye dairesi >78
rauchen (Mensch) sigara içmek; (Schornstein) duman çıkarmak
Raucher sigara içen
Raum yer, alan; (Räumlichkeit) oda, salon
rechnen hesap yapmak, hesaplamak
Rechnung fatura; (im Restaurant, Café) hesap >38, 69
Recht hak, yetki
Recht haben haklı olmak
rechts sağ
rechtzeitig adv zamanında, vaktinde
reden konuşmak, söylemek
regeln düzene koymak, ayarlamak
Regierung hükümet
regnen yağmak
reich zengin, varlıklı
reinigen temizlemek
Reise yolculuk, seyahat
Reisebüro seyahat acentası
Reiseführer rehber, kılavuz >65
reisen yolculuk yapmak, seyahat etmek

Reisepass pasaport >22, 116
Reiseroute seyahat yolu, güzergâh
Reisescheck Seyahat çeki >112
reklamieren şikâyet etmek, reklamasyon yapmak >38, 68
Reparatur tamir, onarım >24
Reservierung rezerve etmek, ayırtmak
Rest artık, arda kalan
Restaurant lokanta, restoran >36 ff.
retten kurtarmak
Rettungsboot cankurtaran sandalı, kurtarma sandalı >34
Rezeption resepsiyon >67 f.
richtig doğru, hatasız; (geeignet) uygun
Richtung yön, istikamet
Risiko tehlike, risk
Rollstuhl tekerlekli sandalye
rot kırmızı
Route rota, yol, yön
Rückkehr dönüş
Rucksack sırt çantası
rufen çağırmak, seslenmek
Ruhe dinlenme; (seelisch) huzur, erinç; (Stille) sakinlik, sessizlik
ruhig sakin, sessiz
rund yuvarlak

S

Saal salon
Sache şey, eşya; (Angelegenheit) konu, sorun
sagen söylemek, demek
Saison mevsim, sezon
sammeln biriktirmek, derlemek; (aufsammeln) toplamak
satt tok, doymuş
Satz cümle, tümce
sauber temiz
schade, es ist ~ yazık
schaden zarar vermek
Schadenersatz zarar bedeli, tazminat
schädlich zararlı
Schaf koyun
Schalter (Bank, Post ...) gişe; (Licht ...) düğme
schauen bakmak
Scheck çek >112
schenken hediye etmek, armağan etmek
Scherz şaka
schicken göndermek, yollamak
Schiff gemi, vapur >33 f.
Schild kalkan; arma, levha
schimpfen küfür etmek
Schirm şemsiye, siperlik
schlafen uyumak
schlank zayıf, ince
schlecht fena, kötü
schließen kapamak, kilitlemek
Schloss (1) (Bau) şato, saray >78
Schloss (2) (Tür) kilit
Schlüssel anahtar >68, 70, 72
Schmerzen sancı, ağrı
Schmuck ziynet, süs >63
schmuggeln kaçakcılık etmek
Schmutz kir, pislik; (Schlamm) çamur
schmutzig kirli, çamurlu, pis
schneiden kesmek
schneien kar yağmak
schnell adj çabuk, hızlı; adv birdenbire, ani
Schnellimbiss büfe
schon henüz, bile
schön güzel
schrecklich korkunç
schreiben yazmak
Schreibwaren kırtasiye >65
schreien bağırmak
Schrift (Hand~) el yazısı
schriftlich yazılı
schüchtern utangaç
Schuh ayakkabı >64
Schuld suç, kabahat; (Geld) borç
schulden borçlanmak
Schuss atış, mermi
Schutz koruma, emniyet
schwach zayıf, güçsüz
Schwager kayın, enişte
Schwägerin baldız, görümce, yenge
schwanger hamile, gebe
schwarz siyah
Schwarzes Meer Kara Deniz
Schweigen susma, susuş
Schweiz İsviçre
Schweizer/in İsviçreli
schwer (Gewicht, Krankheit) ağır; (schwierig) zor, güç
Schwester kız kardeş; (Krankenschwester) hasta bakıcı, hemşire
schwierig zorca, güççe
Schwimmbad yüzme havuzu
schwimmen yüzmek >83 ff.
schwindlig baş dönmesi
schwitzen terlemek
See (1) f (Meer) deniz
See (2) m (Binnengewässer) göl
sehen görmek
Sehenswürdigkeiten görülmeye değer yerler >76 ff.

sehr çok, pek
sein (1) verb olmak
sein (2) poss prn onun
seit prp beri, itibaren; conj (-den) beri
Seite yan, taraf; (Buchseite) sayfa
Sekunde saniye
Selbstbedienungsladen selfservis mağazası
selten adj seyrek, nadir, az bulunur; adv nadiren, arasıra
senden yayınlamak, göndermek
Sendung (Radio, Fernsehen) yayın
servieren servis yapmak
setzen koymak, dizmek; **s. setzen** oturmak
Sex seks
sicher adj güvenli, emin, sağlam; adv her halde, şüphesiz
Sicherheit emniyet, güvenlik; (Garantie) güvence, emniyet, garanti
Sicherung elektrik sigortası
Sicht görüş, görünüş
sichtbar belli, görülebilen
sie f o; pl onlar
Sie siz
singen şarkı söylemek
sitzen oturmak
Skorpion akrep
Smalltalk hoşbeş >14 f.
so öyle, böyle
sofort hemen, derhal
sogar hatta, bile
Sohn oğul, oğlan
sollen -meli/-malı, zorunda olmak
Sonne güneş
Sonnenbrille güneş gözlüğü
sonnig güneşli
sorgen für (b. ş. e) bakmak, temin etmek, halletmek; **s. sorgen um** üzülmek, dert edinmek
Sorte tür, çeşit; (Zigaretten) cins, marka
Souvenirs hatira eşyaları >64 f.
Spaß (Scherz) şaka; (Vergnügen) eğlence
spät geç
später daha sonra
spazieren gehen dolaşmak, gezinmek, yürüyüş yapmak
Speisekarte yemek listesi >38, 46 ff.
spielen oynamak
Spielzeug oyuncak
Sport spor >15, 84 ff.
Sprache dil, lisan
sprechen konuşmak
Staat devlet
Staatsangehörigkeit yurttaşlık, milliyet
Stadt şehir, kent
Stadtplan şehir haritası, kent planı >65, 76
Stadtrundfahrt şehir turu >76 ff.
stammen (aus) soyundan olmak
statt yerine
stattfinden vukubulmak, meydana gelmek
stechen sokmak, delmek
stehen ayakta durmak, bulunmak
stehen bleiben durmak, kalmak
stehlen çalmak, hırsızlık etmek
steigen çıkmak, artmak
steil dik, yokuş
Stein taş
Stelle (Ort) yer; (Arbeit) işyeri, daire
stellen koymak, yerleştirmek
Stellung durum, iş; (Anstellung) işe yerleşme
sterben ölmek
Stern yıldız
Stil üslub, tarz
still sakin, sessiz
Stimme ses
Stockwerk kat
Stoff kumaş, konu
stören rahatsız etmek
stornieren iptal etmek >29 f.
Störung rahatsızlık, bozukluk; (Unterbrechung) kesinti, kopma
stoßen itmek, kakmak
Strafe ceza; (Geldstrafe) para cezası
Strand plaj, sahil, kumsal >83 ff.
Straße sokak, cadde; (Landstraße) kara yolu, şose
Straßenkarte yol haritası >27, 65
Strauß (Blumen) demet, buket
Strecke yol, mesafe; (Bahnstrecke) demiryolu, hat
Strom (1) (Fluss) akıntı
Strom (2) (elektr. Strom) ceryan
Stück parça, kısım
studieren öğrenim yapmak, tahsil yapmak
Stuhl iskemle, sandalya
Stunde saat
suchen aramak
Süden güney
Summe tutar, toplam
Supermarkt süpermarket

T

Tabak tütün
Tag gün
Tankstelle Benzincide >23, 27
Tante hala, teyze, yenge

tanzen dans etmek >80
Tätigkeit etkinlik, çalışma
Taurus Toros
Taurusgebirge Toroslar
tauschen değişmek
täuschen, s. ~ aldanmak
Taxi taksi
Teil kısım, parça, bölüm
teilnehmen (an) kısım, parça, bölüm
Telefon telefon >117 f.
telefonieren telefon etmek >117 ff.
Temperatur ısı >19
Termin tarih, saptanan gün; (Frist) mühlet, vade
teuer pahalı
Theater tiyatro >80 ff.
tief derin; (niedrig) çukur, alçak
Tier hayvan
Tisch masa
Tochter kız çocuğu
Tod ölüm
Toilette tuvalet, helâ >37, 68, 119
Toilettenpapier tuvalet kağıdı
Ton ses; (Betonung) vurgu; (Farbe) nüans
Tonwaren kil eşya
Topf (Koch~) tencere
Töpferei seramik atölyesi
tot ölü
tragen taşımak; (ertragen) çekmek
träumen düş görmek, rüya görmek
traurig üzgün, kederli
treffen rasgelmek, karşılaşmak
Treppe merdiven
treu sadık
trinken içmek >38
Trinkgeld bahşiş >35, 38, 40
Trinkwasser içme suyu
trotz karşın, rağmen
trotzdem bununla beraber, buna karşın
tschüs Allaha ısmarladık, hoşcakal
tun yapmak, etmek
Tunnel tünel
Tür kapı
Türke Türk
Türkei Türkiye
Türkin Türk
türkisch Türkçe
typisch tipik

U

U-Bahn metro >34 f.
Übelkeit iç bulantısı >106, 110
über üzerinde, ilerisinde
überall her yerde
überfallen baskına uğramak
überholen geride bırakmak, aşmak; (mit dem Auto) geçmek (arabayla)
übernachten gecelemek, konaklamak >6 ff., 66 ff.
überqueren karşıdan karşıya geçmek
überrascht şaşırmış, hayret içinde
Übersee deniz aşırı
übersetzen çevirmek, tercüme etmek
überweisen (Geld) havale etmek, yollamak
Ufer (Fluss) kıyı, yaka; (Meer) sahil, kıyı
Uhr (Armbanduhr) saat
Uhrzeit saatler >16
um (herum) çevresinde, etrafında; (Zeitangabe) (saat) -de, -da; (gegen) sıralarında, sularında
umarmen sarılmak, kucaklamak
umbuchen bileti değiştirmek >30
Umleitung mecburi istikamet
umsonst (gratis) bedava, parasız; (vergebens) boşuna
umsteigen aktarma yapmak
umtauschen değiştirmek >111 f.
Umwelt çevre
umziehen (Wohnung wechseln) taşınmak; **s. umziehen** üstünü değiştirmek
unbedingt adv mutlaka, her ne olursa olsun
unbekannt tanınmıyan, bilinmeyen
und ve
Unfall kaza >24
unfreundlich nezaketsiz, kaba
ungefähr aşağı yukarı, tahminen
ungern gönülsüz, isteksiz
ungesund sağlıksız, hastalıklı
ungewiss bilinmiyen
Unglück şanssızlık, felâket
unglücklich talihsiz, mutsuz
ungültig geçersiz, geçmez
unhöflich kaba, saygısız
Unkosten masraflar, giderler
unmöglich olanaksız, imkânsız
unruhig huzursuz, telâşlı
uns bizi, bize
unschuldig suçsuz
unser, e bizim
unter altında; (zwischen) arasında
unterbrechen ara vermek, kesmek
Unterführung altgeçit, yeraltı geçidi
Unterhaltung (Gespräch) söyleşme; (Vergnügen) eğlence >80 ff.
Unterkunft konut, lojman

Unterschied ayrılık, fark
Unterschrift imza
Untersuchung muayene
unterwegs yolda >20 ff.
unverschämt terbiyesizlik etmek, utanmazlık etmek
unwohl keyifsiz, rahatsız
Urlaub izin, tatil
Ursache neden, sebep
urteilen yargılamak, hüküm vermek

V

Vater baba
Verabredung kararlaştırma, sözleşme, randevu >15 f.
verabschieden, s. ~ vedalaşmak
verändern değiştirmek
Veranstaltung toplantı, düzenleme
Veranstaltungskalender izlence takvimi >80, 82
verbieten yasaklamak
Verband (med) sargı malzemesi
Verbindung bağ, ilişki; (Telefon) irtibat
verboten! yasak!
verdienen kazanmak; (wert sein) hak etmek
verdorben kokuşmuş, çürümüş; (faul) bozuk; (sittlich) erdemsiz
vereinbaren birleştirmek
Verfassung anayasa; (Zustand) hal, durum
Vergangenheit geçmiş zaman
vergessen unutmak
Vergewaltigung ırza tecavüz >116
Vergiftung zehirlenme >111
Vergnügen eğlence, neşe >80 ff.
verheiratet (mit) ile evli
Verhütungsmittel korunma maddeleri
verirren, s. ~ şaşırmak, yolunu kaybetmek
Verkauf satım, satış
Verkehr trafik, ulaşım
Verkehrsbüro turizm bürosu
verlängern uzatmak, temdit etmek
verlieren yenilmek, yitirmek >114
verloben, s. ~ mit ile nişanlanmak
Verlobte, der, die nişanlı
Verlust kayıp, zarar
vermieten kiralamak >6 ff., 28 f., 72
versäumen (verpassen) kaçırmak, yapamamak
verschieben (zeitlich) ertelemek
verschieden ayrı, çeşitli
verschreiben reçete yazmak >106
Versehen, aus ~ yanlışlıkla
Versicherung sigorta, güvence
verspäten, s. ~ gecikmek
Versprechen söz verme
verständigen, jdn ~ haber vermek; **s. verständigen** anlaşmak
verstehen anlamak
versuchen denemek; (Speisen) tadına bakmak
Vertrag sözleşme, kontrat
verunglücken kazaya uğramak
verwandt akraba, hısım
verwechseln karıştırmak
Verzeichnis liste, rehber, dizin
verzeihen affetmek, bağışlamak
verzollen gümrük ödemek
viel çok
vielleicht belki, belli olmaz
Visum vize >22
Volk halk
voll dolu; (ganz) bütün, tam
Vollpension tam pansiyon >68, 70
von (Herkunft) -den, -dan; (Passiv) tarafından
vor (räumlich) önünde; (zeitlich) önce, evvel
vor allem her şeyden önce
Voranmeldung önceden haber verme, ön kayıt
Voraus, im ~ önceden, peşin
vorher daha önce
vormittags öğleden önceleri
Vorname isim, ad >22
Vorort banliyö
Vorsaison sezon öncesi >70
Vorschrift yönetmelik, talimat
Vorsicht özen, itina; **Vorsicht!** dikkat!
Vorstellung takdim; (Begriff) tasarı, düşünce; (Theater) temsil, gösteri, izlence >81 f.
Vorverkauf önsatış >82
Vorwahlnummer şehir numarası/kodu >117 f.
vorziehen öne almak; ileri çekmek

W

wach uyanık
wählen seçmek; (Politik) oy kullanmak, rey vermek; (Telefon) numarayı çevirmek
wahr gerçek, doğru
während (Präposition) sırasında, süresince; (Konjunktion) iken
wahrscheinlich olası, muhtemelen
Währung para birimi >112
Wald orman >80
Wandern yürüyüş, gezinti >87
Wann? Ne zaman?; **seit ~?** Ne zamandan beri?
warm sıcak
warnen (vor) uyarmak, ihtar etmek, dikkatini çekmek
warten beklemek

Wartesaal bekleme salonu
Wartezimmer bekleme odası
Warum? Niçin?
was ne
Was? Ne?
waschen yıkamak
Wasser su
wechseln (Geld) bozmak, değiştirmek
wecken uyandırmak
Weg yol
weg gitmiş, kaybolmuş, yok
wegen dolayı, ötürü
weggehen ayrılıp gitmek, çekip gitmek
Wegweiser yol işareti
wehtun acımak, sancımak, ıstırap vermek
weiblich dişi, kadın
weich yumuşak; (Ton, Farbe) ince, kibar
weigern, s. ~ karşı koymak, direnmek
weil çünkü, zira
weinen ağlamak
weiß beyaz
weit (Gegenteil von eng) geniş; (Weg) uzun; (entfernt) uzak; **und so weiter** vesaire, ve başkaları
Welche(r/s)? Hangisi?
Welt dünya, evren
Wem? Kime?
Wen? Kimi?
wenig az; **ein ~ (von)** biraz (ondan)
weniger daha az
wenn (Bedingung) ise, eğer; (zeitlich) iken, olduğu zaman
Wer? Kim?
werden olmak, meydana gelmek
Werkstatt atelye, iş yeri >24, 28
werktags iş günleri
Wert iş günleri
Wessen? Kimin?
Westen batı
Wetter hava >19
wichtig önemli
wie (Frage) nasıl; (Vergleich) gibi
Wie lange? Ne kadar zaman?
Wie viel? Ne kadar?
wieder tekrar; (noch einmal) bir daha, yine
wiederholen tekrarlamak, yinelemek
wiederkommen tekrar gelmek
wiedersehen tekrar görmek
wiegen tartmak
Wiese çimenlik, çayır
Wild av hayvanı
willkommen hoş gelmek
wir biz
Wirt lokantacı
Wo? Nerede?
Woche hafta >17
Woher?/Wohin? Nereden?/Nereye?
wohnen oturmak, ikamet etmek
Wohnort, Wohnsitz ikamet yeri, oturduğu yer
Wohnung konut, daire
wollen istemek; (wünschen) arzu etmek
Wort kelime, sözcük
wünschen dilemek, arzu etmek
Wurst sucuk >44, 62
wütend hiddetli, kızgın, öfkeli

Z

Zahl sayı, adet
zahlen ödemek, yatırmak
Zahlung ödeme >112
Zahnarzt diş doktoru >106 f.
zeigen göstermek; (hinweisen) işaret etmek
Zeit zaman, süre >16 f.
Zeitangaben zaman kavramlari >16 f.
Zeitschrift dergi, mecmua >65
Zeitung gazete >65
Zentrum merkez
zerbrechlich kırılabilir
zerstören yıkmak, bozmak
Zeuge şahit, tanık
ziehen (Zahn) çekmek >111
Ziel amaç, hedef; (Reiseziel) varılacak yer, seyahat hedefi
Zigarette sigara
Zimmer oda >8 f.,66 ff.
Zoll gümrük >22
zornig öfkeli, kızgın
zu (1) (Richtung) (b. yere) doğru, -e/-a
zu (2) (geschlossen) kapalı
zu (3) (mit adj) pek
zu sehr, zu viel pek çok, pek fazla
zufrieden hoşnut, memnun
Zug tren >31 ff.
zumachen kapatmak, örtmek
zurück geri
zusammen beraber, bir arada, birlikte
zusätzlich ilâve, ek
zuschauen seyretmek, bakmak
Zuschlag zam >33
zuschließen kilitlemek, kapatmak
zuständig ilgili, ait, yetkili
zu viel pek çok
zweifeln, an etw ~ şüphelenmek, kuşku duymak
zwischen arasında

BENUTZERHINWEISE

Viele kleine Wörter wie „in“, „nach“ etc. werden im Türkischen nicht als Worte, sondern als Endungen wiedergegeben, die an das Wort angehängt werden.
Wenn Sie in diesem Buch in einem türkischen Satz die Endung
...**-(y)e/-(y)a** („nach, zu“ und Dativendung),
...**-de/-da** („in, bei“) oder
...**-den/-dan** („aus, von“)
sehen, müssen Sie diese Endungen an das Wort anhängen, das Sie in den Satz einfügen wollen. Dabei müssen Sie den Vokal **e** wählen, wenn das Wort in der letzten Silbe einen **hellen** Vokal (**e, i, ö** oder **ü**) hat, und den Vokal **a**, wenn das Wort in der letzten Silbe einen **dunklen** Vokal (**a, ı, o** oder **u**) hat: Also z. B.: in Ankara: „Ankara'**da**“, aus Izmir: „İzmir'**den**“.
Wenn diese Endungen mit **d** an Wörter angehängt werden, die mit einem stimmlosen Mitlaut aufhören, wird das **d** ebenfalls stimmlos und verwandelt sich in ein **t**; also: in Frankfurt: „Frankturt'**ta**“; um drei (üç) Uhr: „saat üç**te**“. (Der Apostroph wird nur bei Eigennamen, Städtenamen und Ländernamen geschrieben und hat mit der Aussprache nichts zu tun).
Das **y** in Klammern bei der Endung ...**-(y)e/-(y)a** („nach, zu“) wird nur gesprochen, wenn das Wort mit einem Vokal aufhört: nach Deutschland: „Almanya'**ya**“, in die Türkei: „Türkiye'**ye**“, aber: zum Bahnhof (istasyon): „istasyon**a**“, nach Izmir: „İzmir'**e**“.

Es gibt auch Endungen mit **i** wie z. B. **-(y)i/-(y)ı/-(y)ü/-(y)u** (Akkusativendung).
Diese sind vierförmig: Wählen Sie
i nach e oder i,
ı nach a oder ı,
ü nach ö oder ü,
u nach o oder u.
Auch hier wird das **y** nur gesprochen, wenn das Wort mit einem Vokal aufhört.
Also z. B. der Markt „pazar“, den Markt „pazar**ı**“, der See „göl“, den See „göl**ü**“, der Turm „kule“ (endet mit Vokal, also:) den Turm: „kule**yi**“.

Erklärungen zur Aussprache finden Sie auf Seite 5.

> BLOSS NICHT!

So vermeiden Sie Fettnäpfe

Insider Tipps

Schuhkönig *

Ganz klar, der Kunde ist König, und Sie freuen sich natürlich, wenn Ihnen der Schuhverkäufer auf Ihre Frage nach luftigen *sandalye* einen Stuhl bringt. Aber mehr leider auch nicht ... Um nicht nur ausgeruht, sondern auch noch mit neuen Sandalen das Geschäft zu verlassen, sollten Sie nach *sandalet* fragen.

*

Süße Nudeln

Wieso serviert man Ihnen denn jetzt schon den Nachtisch mit Kuchen und süßem Gebäck? Sie wollten doch eigentlich Nudeln als Hauptgang und haben leckere *pasta* geordert. Schnelle Lösung: auf der Speisekarte unter *makarna* Ihre Wahl treffen.

Küssen verboten!

Sonnenuntergänge, einmalige Erlebnisse – da muss man seinem/r Liebsten einfach hier und da um den Hals fallen und knutschen. Sie können Ihren Gefühlen auch freien Lauf lassen, nur bitte nicht außerhalb von Tourismuszentren in der Öffentlichkeit. Auf dem Land wird offen zur Schau getragene Zärtlichkeit noch als anstößig empfunden.

Skifahren im Kajak

Sie erzählen begeistert davon, wie Sie im Urlaub mit dem Kajak über Stromschnellen gefahren sind, und ernten verwunderte Blicke? Kein Wunder! Denn in der Türkei ist *kayak* zwar auch ein Sportgerät, aber kein Boot, sondern Ski. Und zu deren Gebrauch sollte das Wasser schon gefroren sein.

Rauchzeichen

Sie haben Lust zu rauchen und fragen in der Bar – ganz klar – nach *tabak*. Der Ihnen gereichte Aschenbecher ist auch ein guter Anfang, wenn auch in Form eines großen Tellers ... Um tatsächlich noch türkischen Tabak dazuzuerhalten, sollten Sie im Anschluss *tütün* verlangen – der ergänzt Ihre Teller-Bestellung perfekt.

Einmal Händewaschen bitte...

Diskretion ist angesagt, wenn es um „das stille Örtchen" geht. Die Türken schätzen es gar nicht, wenn man direkt nach der Toilette fragt. Zur Toilette geht man in der Türkei grundsätzlich nie! Man geht sich höchstens die Hände waschen: *Nerede ellerimi yıkayabilirim?* („Wo kann ich mir die Hände waschen?")